근대화의 선각자
최광옥

근대화의 선각자 최광옥

| 이명화 지음 |

글을 시작하며

최광옥은 누구인가

한국 근대 민족운동사에는 고귀한 희생정신으로 훌륭한 리더쉽을 발휘한 인물 중에 아직도 제대로 된 역사적 평가를 받지 못하고 과거 속에 묻혀버린 이들이 많다. 그것은 민족운동사에 대한 정리가 아직도 만족할 만큼 이뤄지지 못했음을 말해주는 것이기도 하다. 민족이라는 거대담론에서 볼 때 역사의 접근 방법은 다양하다고 할 수 있다.

거시적으로 민족과 국가, 사회라는 큰 틀에서 접근할 수도 있고, 아니면 한 개인의 자취를 통해 역사의 진실을 추적할 수도 있을 것이다. 이러한 방법들은 어느 것이 더 가치있는지를 떠나 역사를 이해하는데 모두 유용한 방법임에 틀림없다.

그러나 작은 물줄기가 흘러 큰 강물을 이루듯이 역사 연구와 이해도 구체적 사실 규명이 축적되면서 커다란 역사의 물줄기를 조망할 수 있다고 생각한다. 그런 점에서 한 개인의 삶과 자취가 우리 근대사에서 끼친 의미를 찾아보는 것도 의미가 있는 작업일 것이다.

한국근대사에서 최광옥은 그의 이름과 같이 '빛나는 옥'이었다.

1907년 월남 이상재 선생은 『대한문전』의 서문을 찬하면서 그를 가리켜 '옥같이 귀중한 사람'이라 칭하였다. 그는 정녕 '옥의 사나이'였다. '옥'은 원래 다섯 가지의 덕德을 갖춘 보석으로 알려져 있다. 윤기가 흘러 온화한 인仁의 덕, 무늬가 밖으로 흘러나와 속을 알 수 있게 하는 의義의 덕, 소리가 낭랑하여 멀리서도 들을 수 있는 지智의 덕, 끊길지언정 굽혀지지 않는 용勇의 덕, 날카로우면서도 남을 해치지 않는 결潔의 덕을 갖추고 있다는 것이다.

그는 한국이 전근대적 봉건주의를 물리치고 국민국가로 나가기 위해 몸부림치며 열강들의 제국주의적 침탈로 고통을 겪던 근대의 여명기를 샛별같이 밝힌 존재로 등장했다. 그리고 짧지만 불꽃같은 열정의 삶을 살았다. 그가 남긴 자취는 한국 근대민족운동의 밑알이 되었다.

성실하고 열정적인 삶을 산 최광옥은 우리 민족운동의 거목인 도산 안창호·백범 김구를 비롯하여 육당 최남선과 이상재, 박은식, 김홍량, 최명식 등 많은 지사들의 기억 속에서 영원히 지워지지 않는 보석같은 인물이었다.

그러나 33세의 짧은 삶에서 그가 남긴 자료는 지극히 제한적이다. 때문에 그의 삶과 자취는 많은 사람들의 입을 통해 전설로만 회자되어 왔다. 전설로 남아있는 모습만 보아도 그는 한국근대사에서 누구도 흉내낼 수 없는 큰 자취를 남긴 선각자였다.

우리는 과연 희미한 역사 속에서도 빛을 발하는 그의 진실을 어떻게 찾아낼 수 있을까. 그간 최광옥의 생애는 잘못 알려지고 분명치 않아 왜곡된 부분이 적지 않았다. 심지어 생몰 연대조차도 정확치 않았다. 또한 부족한 기록은 차치하더라도, 행적과 관련한 여러 기록들조차 신빙성에 대한 철저한 검증이 요구되는 상황에서 그의 자취를 충실히 추적하는 것이 쉽지 않았다.

최광옥의 생애를 돌아보면 구약성경에 나오는 2천 5백 년 전 사람인 느헤미야를 연상시킨다. 조국 이스라엘이 처한 비극적인 현실에 직면하여 허물어진 예루살렘의 성을 재건하는 능력을 발휘한 느헤미야. 최광옥은 느헤미야의 담력과 지혜, 겸손과 신념, 불타는 애국심과 경건한 신앙심, 그리고 희생정신을 두루 갖춘 지도자였다. 33세의 짧은 삶이었지만, 그는 현재 우리 시대에 부재한 리더쉽의 모범상을 보여주고 있다.

최광옥, 그는 19세기 말 격변의 역사적 소용돌이 속에서 국어를 통한 민족의식과 애국의식을 고취하였고, 신학문인 과학을 통해 우리 사회의 과학화·실용화를 간절히 바랬던 인물이다. 이 사회를 변혁시킬 훌륭한 교사 양성에 온 힘을 다한 교육자, 독실한 기독교 신앙인, 한국 최초의 청년운동을 시작한 청년운동가로서 이 땅에 근대화를 이룩하고자 했던 선각자였으며 민족의 제단 앞에 일제 침략을 막고 민족의 자존을 지키려 민족의 제단 앞에 기꺼이 목숨을 바친 진정한 애국지사였다.

교육자로서 그는 단순한 지식과 기술을 전달하는데 머무르지 않았다. 정신의 힘을 강조한 그는 청년들 개인 개인 모두가 민족의 중요한 구성원으로서 자신에 대한 존엄함을 느끼고 자부심을 갖도록 지도했다. 그리고 민족에 대한 책임의식을 갖고 현실을 직시하여 생산성·실용성의 가치를 중시하도록 교육했다. 또한 그는 누구보다 열린 토론과 협의를 사랑하고 존중했다. 자기의 주장을 강조하기보다 상대방과 충분한 의견을 나누고, 사람들의 의식을 하나로 통합하여 공통의 의식과 가치를 공유할 수 있도록 이끌어내는 놀라운 친화력의 소유자였다. 그의 성실하고 진지한 자세와 진심은 깊은 기독교 신앙심에서 비롯되었다.

뛰어난 조직력과 당대에 제일가는 설득력을 갖춘 웅변을 통해 문맹퇴치운동·신문화계몽운동을 직접 지도하고 실천함으로써 짧은 기간 동안에 황해도 일대는 신교육운동과 민족운동의 메카로 발전할 수 있었다.

이러한 그의 자취를 쫓는 작업은 잊혀진 한 애국자의 생애를 기술하는 것 이상의 일이 될 것이다. 풍설 속의 인물이 아닌 역사속의 사실적 인물로서 그의 생애를 온전히 복원하여 온몸을 바친 애국자의 생애를 통해 인간의 고결한 삶이 어떤 것인지 또 그의 삶이 오늘의 우리에게 어떤 의미를 던지는지 새롭게 조명해 보기로 한다.

차례

글을 시작하며 04

- 신세계를 열어 나가다 10
- 독립협회를 통해 민권운동을 벌이다 18
- 점진학교에서 교육자의 첫길을 내딛다 31
- 신학문의 목마름으로 숭실학교에 입학하다 36
- 사범강습회에서 김구를 만나다 43
- 일본 유학으로 미지의 세계에 도전하다 59
- 구국을 위해 귀국하다 70
- 교육과 계몽의 길, 안악면학회를 조직하다 79
- 면학서포를 세우고 교과서를 편찬하다 90
- 끝없는 국어사랑으로 대한문전을 펴내다 96
- 위기에 처한 나라를 구원하려면 가르치고 배워야 한다 109

- 안창호와 함께 신민회를 결성하다 122

- 기독교 신앙으로 독립정신을 확대하다 138

- 안악의 제2회 하기사범강습회를 열다 144

- 희망과 미래를 향해 해서교육총회를 설립하다 152

- 고난 속에서도 제3회 하기사범강습회를 열다 156

- 산업 진흥과 모범농촌 건설에 매진하다 159

- 유일한 희망, 청년을 위해 청년학우회를 결성하다 169

- 서간도 군관학교 설립을 계획해 가다 181

- 민족의 구원 앞에 민들레 홀씨로 흩어지다 188

- 위대한 유산, 끝나지 않은 이야기 199

최광옥의 삶과 자취 207
참고문헌 215
찾아보기 218

신세계를 열어 나가다

최광옥이 태어난 때는 1876년 강화도조약이 맺어진 다음해인 1877년 8월 15일이었다. 평남 중화군 대륙골 경주 최씨 집성촌에서 부친 최윤조와 모친 이순문 사이에 1남 1녀 중 맏아들로 태어났다.

그의 집안이 어떠했는지를 알려주는 자료는 거의 없는 실정이다. 서북출신이다 보니, 또한 그가 요절하다보니 족보에도 남아있지 않아 집안 내력을 알기 쉽지 않다. 다만 부친 최윤조가 한학을 공부했으며, 한의사는 아니지만 독학으로 한의학을 공부해 침을 잘 놓았다고 한다. 돈이 없어 치료받지 못하는 가난한 사람들을 치유해 주면서 기독교를 전도했다는 이야기가 집안에 전해져 내려오고 있다.

최광옥도 어린 시절의 이야기는 서당에서 한학을 수학했다는 정도로만 알려져 있을 뿐이다. 이 무렵 한학은 양반만의 전유물은 아니었다. 당시 정황으로 볼 때 한학을 공부했다고 해서 양반이라 할 수는 없을 것이고, 아버지가 한의학을 공부했던 점이나 서북지역의 사정으로 볼 때 최광옥의 집안은 양민층이었을 것으로 추측할 수 있다.

그가 태어날 무렵, 조선은 개항을 놓고 어지러운 상황이었다. 서양 종교의 유입으로 시작된 서양문물과 사상의 수용은 여러 차례 종교의 박해를 가져오기도 했다. 잘 알려져 있듯이 1866년 '병인박해'로 천주교 신부와 교인이 순교를 당했음에도 불구하고 천주교 신부와 개신교 선교사들은 계속해서 중국을 통해 입국해 들어왔다.

평양에 1천여 교회를 설립한 모페트 선교사

1885년 미국 북장로파 복음 선교사 언더우드H. G. Underwood와 미감리교 복음 선교사 아펜젤러Henry G. Appenzeller가 입국하여 본격적인 한국 개신교 선교를 시작한 이래 이 땅에는 신교육 학교들이 설립되기 시작했다. 그가 태어난 평안도 지역은 서양 종교, 특히 기독교가 일찍부터 발달하던 곳이었다.

함경도와 평안도 두 지역을 가리켜 말하는 '서북지방'은 다른 지역보다 개화속도가 상대적으로 빠르게 이루어졌다. 조선시대 내내 권력으로부터 철저히 소외되어 있있으며 이에 따라 봉건 조선정부에 대한 반감이 강했던 이 지역은 비록 양반이라 하더라도 지위높은 관리들이 거의 없어 유교적 신분질서가 철저하지 못했다. 이러한 환경은 초기 개신

완공 직전의 장대현교회
한국고유의 전통 양식으로 지어졌다.

교의 수용과 전파에 유리한 영향을 주었다. 개신교의 근면·자립·절제의 정신과 신 앞에 만민이 평등하다고 하는 사상 역시 큰 환영을 받았다. 의주, 평양, 장련 등지를 중심으로 교회가 세워지고 기독교세가 눈에 띠게 성장해 나갔다. 당시 개신교 선교사들의 평양 전교는 의주에서 전도 활동을 하던 모페트Samuel A. Moffett목사에 의해서 시도되었다. 최광옥이 10세가 되던 1887년에 아펜젤러는 평안도지방을 순회하며 기독교를 전도했으며 이어 1889년 언더우드가 서북지방을 순회, 전도하였다.

한편 1893년 1월에 열린 북장로교파 연차회의에서 모페트와 그래함리Graham Lee·스왈런W. L. Swallen등이 서북지방의 개척 선교사로 임명되면서 선교사업은 활발히 전개되었다. 이렇게 하여 1894년 전후로 평양에 감리교회인 남산현교회와 장로교회인 널다리골교회(후일 장대현교회로 발전)가 설립되었다. 청일전쟁 이후 서북지방에는 조선인 전도인들의 전도활동이 더욱 활발하게 전개되었다.

1894년에 일어난 청일전쟁 때 서북지방은 주된 전쟁터가 되어 전화를 겪게 되었다. 치열한 전쟁에서 파괴와 죽음을 경험한 민중은 생명과 재산을 보호받고자 교회로 몰려들었다. 그의 평생 동지였던 도산 안창호는 16세인 1894년 평양에서 일본과 청나라 양국간에 벌어진 청일전쟁을 목격한 후 큰 충격을 받아 민족의식에 눈떴다고 알려져 있다. 청일전쟁 당시 최광옥은 17세의 나이로 그 역시 청일전쟁을 경험하면서 안창호와 마찬가지로 이 전쟁이 왜 조선에서 벌어져야 하는지 의문을 갖고 똑같은 충격을 받았으리라 짐작이 된다.

청일전쟁은 조선에서의 주도권을 둘러싸고 오랫동안 누적된 청나라와 일본 두 나라의 세력 싸움이었다. 봉건체제의 낡은 틀을 깨뜨리고 근대사회로 나가고자 했던 급진개화파들이 일본 힘을 믿고 갑신정변을 일으켰을 때, 민씨 정권의 요청으로 청나라는 조선에 출병하여 봉기를 진압한 뒤 군대를 주둔시켰다. 청나라에 주도권을 빼앗긴 일본은 이를 만회하고자 기회를 노리고 있던 차에 1894년 동학농민운동이 발발하자 조선정부가 청의 개입을 요청하자 일본도 거류 일본인을 보호한다는 구실로 재빨리 군대를 끌고 들어왔다. 처음에 일본은 청에게 공동으로 조선 내정을 개혁하자고 제의했으나 청이 거절하자 단독으로 내정을 개혁하겠다고 선언하고. 조선에 병력을 증파시켜 급기야 전쟁을 도발하였다.

청일전쟁 당시 평양 관아에 총사령부를 차린 일본군

청일전쟁 당시 일본군에 포로가 된 청국 병사들

일본은 조선왕궁을 점령하고 반일적인 민씨 정권을 몰아낸 후 경기도 남양만 풍도 앞바다에서 청나라 해군을 격파하고 다시 성환·평양 등의 육전에서도 크게 승리했다.

청일전쟁에서 승리한 일본은 친일적인 개화정권을 앞세워 '갑오개혁'을 강요하고 조선에 대한 본격적인 내정간섭을 시작하였다. 이에 편승한 열강들 또한 뒤질세라 제국주의 침략을 본격화하면서 각종 이권 침탈은 물론 국권침탈까지 노리고 있었다.

이 무렵 최광옥은 고향 중화를 떠나 평양으로 나오면서 평양을 중심으로 활약 중이던 선교사들을 만나 기독교를 접했다. 그가 정확히 언제 고향을 떠났는지, 그 계기가 무엇인지, 가족과 함께 이주한 것인지, 아니면 혼자 평양에 나와 생활한 것인지 전혀 알 수가 없다. 하지만 평양은 그에게 새로운 세계와의 만남을 열어준 곳이었다. 학구적 열망이 가득하던 그는 평양에서 기독교 선교사를 만나 서양의 근대문화를 접하고 기독교에 입교하여 신앙을 갖게 되면서 놀라운 속도로 지식을 흡수했다.

청일전쟁 후에 서북지방 기독교 선교사업의 열기는 더욱 활발해져 평양 시내와 부근 각 지방마다 작은 교회가 설립되어 교인들이 주일마다 모여 예배도 보고 공부도 하며 개신교의 교세가 크게 성장하였다. 1897년 로버트 스피어Robert E. Speer는 서북지방에서 전개되고 있는 선교 상황을 다음과 같이 전해주고 있다.

서북지방 교회의 발전은 세계 어느 곳에서도 볼 수 없으리만큼 확대되었다. 교회당들은 초만원을 이루고 확장의 기회는 무제한적이다.

옛 평양 시가지 모습

베어드 목사가 처음으로 교육을 시작한 사랑방 학당 교사들과 학생들

그 중에서도 평양은 서북지방 기독교 전교활동의 중심지로 부각되었다. 평양은 조선의 예루살렘이라고 불릴 정도로 기독교신앙의 중심지가 되었다. 1900년 무렵에는 평양지역만이 아니라 그의 고향인 중화를 비롯한 평남 일대와 황해도 북쪽까지 기독교 전도사업은 확대되어 나갔다.

최광옥과 기독교의 만남은 평양에서 전교활동 중인 북장로파 선교사들과 접촉이 이루어지면서 시작되었다. 그에게 기독교는 신앙적 관심보다는 선교사들에 의해 전파되는 신교육, 즉 과학지식과 새로운 세계관을 배울 수 있다는데 더 마음이 끌렸을 것이다. 종교를 통해 새로운 의식을 갖게 된 것은 자신의 의식 내부에서 끊임없이 자기 변혁을 요구하였기 때문이다. 최광옥이 평양에서 만난 선교사는 윌리엄 베어드William M. Baird일 것으로 보인다. 베어드는 1897년 평북지방을 처음 순방한 이래 적극적인 전교활동을 벌였으며 숭실학당을 자신의 사랑방에서 처음 설립한 사람이다. 후일 최광옥이 숭실중학교에 입학하게 된 계기도 이전에 그와의 만남이 있었기 때문이라고 생각된다.

독립협회를 통해
민권운동을 벌이다

최광옥이 17세 되던 1894년에는 동학농민운동이 불같이 전국을 휩쓸고 열강의 제국주의 침탈이 노골적으로 진행되고 있던 혼란한 정세였다. 이 와중에 일본은 한국에 대한 독점적 지배권을 확보하기 위해 청나라와 승부를 겨뤄 마침내 청일전쟁에서 승리했다. 이어 동학농민운동을 진압하고 조선을 점령체제 아래 두었던 일본은 반일의 기세를 꺾기 위해 1895년 10월 국모인 민비(명성황후로 추서)를 살해한 후 '을미개혁'을 단행하였다. 조선정부와 조선인의 자발적인 개화의 길과는 달리 일본은 조선의 독립을 침해하고 식민지화하고자 획책하였다.

이에 개혁세력들은 국가적 위기의식을 느끼고 있던 차에 갑신정변을 주도했다가 실패한 후 미국으로 망명했던 서재필이 귀국하자, 그의 주도 아래 1896년 4월 7일 『독립신문』을 창간하고 이어 독립협회를 창립하였다.

독립문 정초식 광경
당시 5, 6천 명의 인파가 모였다고 한다.

당시 독립협회 창립의 주도 세력은 갑오개혁의 주동 인물들의 모임인 '건양협회'세력과 외교계 관료들이 많았던 '정동구락부', 그리고 자주개화 정책을 추구한 개혁적 관료세력들이었다. 창립 당시 독립협회의 회장은 안경수였고 위원장은 이완용 등으로, 이 무렵 임원진을 보면 몇몇 인물들을 제외하고 고급 관료 출신이며 보수적인 성향의 인물들로 구성되었다. 그러나 점차 서구시민사상에 영향을 받은 젊은이들이 독립협회로 집결하면서 독립협회는 대중에게 영향력을 발휘하게 되었다. 최광옥도 독립협회의 운동 취지에 전적으로 찬동하며 참여한 인물 중의 한사람이었다.

독립협회에서 발행한 『대조선독립협회회보』

1896년 11월 21일에 거행된 독립문 정초식에는 5, 6천여 명의 인파가 모였다. 당시로서는 아주 성대한 정초식을 거행한 후 1년 만인 1897년 11월 21일 독립문을 준공하고 다시 독립관을 세웠다. 최광옥도 어쩌면 독립문 정초식 때 모인 많은 인파 속에서 역사의 현장을 지켰는지도 모른다.

독립협회는 1897년 8월 29일부터 매주 토론회를 개최하여 국민을 계몽하고 여론의 광장을 마련해 주었다. 토론회는 나라의 개혁을 '긴급 주제'로 설정하고 이에 찬성편과 반대편의 토론자를 논쟁케 한 후에 방청인의 자유토론 참가를 권장하는 방식으로 진행되었다. 토론회에서는 '여성교육의 급선무'와 '한글 사용의 장려' 등의 주제를 갖고 열띤 토론을 벌이기도 했다. 토론회는 참석자들의 공동의식과 여론을 형성시키면서 독립협회의 사상의 발전에 큰 역할을 하였다. 독립협회에서 주관한 토론회·강연회와 『독립신문』을 통하여 국민들에게 근대적 자주독립사상과 민주 공화주의 사상을 포함한 자유민권사상과 자주적 근대화 사상을 널리 보급했다.

독립협회 창립식 당시 윤치호는 민영환의 수행원으로 러시아 황제 니콜라이 2세 대관식에 특사로 파견되어 참석하지 못했지만, 그가 1898년 10월 29일에 2대 회장으로 취임하고 이상재가 부회장을 맡게 되면서 신지식층의 젊은이들이 독립협회 활동을 주도했다. 그들의 종교는 기독교였으며 이미 선교사들은 접촉했거나 기독교영향으로 개화된 인물들이었다. 독립협회에 기독교인들의 참여는 독립협회의 지방확산에 크게 기여했다. 독립협회 회원들은 서구시민사상에 영향받은 자신의 사회관과 가치관을 체계화하고 민중 속으로 들어가 사회의식을 계도하고자 했으며, 새로운 사상과 민족혼을 이끌어 내는데 앞장 섰다.

이 무렵 최광옥은 스스로 단발을 결행한 것으로 보인다. 이로 인해 그는 완고한 부친에 의해 한때 집에서 쫓겨나기도 했다. 넓은 세상에 가서 공부하겠다고 집을 떠났던 아들이 홀연히 단발하고 나타나자 그의 부친은 노발대발했다. 부친은 일본인들과 서양인들처럼 단발하고 나타난 아들을 이해하지 못했던 것이다. 하지만 평소 속이 깊고 반듯하게 행동하여 주변 사람들에게 존경받고 칭송받는 이들을 보며 아들의 뜻을 헤아려 보고자 하였다. 그래서 아들의 삶과 생각을 인도해주고 있는 기독교 신앙에 대해 깊은 관심을 갖게 되었다.

그러던 차에 최윤조는 평양에 있는 아들 최광옥을 찾아와 함께 지내면서 간절한 기도와 전도를 받고 아들의 인도아래 함께 교회 예배에 참여했다. 그때부터 기독교를 믿게 된 부친은 고향 중화에 세워진 기독교 교회의 첫 신자가 되었으며 신앙과 전도만을 우선하는 참기독교인이 되었다.

그는 후일 아들 최광옥이 먼저 세상을 떠난 뒤 며느리와 손자들의 생활을 돌보고 교육하며 일생을 기도와 성경의 말씀으로 생활하였다. 어떤 일이 있어도 아침 예배는 빠지지 않았으며 구약 창세기부터 신약전서 묵시록까지 백 번 넘게 통독했던 독실한 신앙인이었던 그는 아들로 인해 기독교에 입교했지만 믿으면 무엇이나 이루어진다는 굳건한 신앙심을 갖고 있었다. 기도를 시작하면 가족을 위해, 친구와 교회, 나라를 위해 그리고 온 세계의 구원을 위해 기도하느라고 기도시간이 한 시간을 넘었다고 한다.

전도활동에 적극적이었던 최윤조는 돈이 없는 사람들에게 무료로 침을 놓아주어 병들은 사람들을 치유해 주면서 기독교를 전도하였다. 그리고 교회가 세워질 때면 사람들을 찾아가 헌금을 호소하고 기부금을 교회에 바치곤 했다. 그러나 기부했던 사람들이 자신의 생활이 어려워지면 최윤조를 찾아와 빌린 돈을 갚아 줄 것을 요구했다. 그러면 그는 아무 말없이 가산을 팔아 갚아주는 일이 종종 있어 가세가 기울어 갔으며 가족들은 가난속에서 연명해야 했다.

집안에서 내려오는 얘기로는 중화군 대륵골의 경주 최씨 문중은 기독교에 입교한 최윤조와 최광옥 부자를 서양 오랑캐의 시중이라 문중에 들일 수 없다고 비난하면서 족보에서 빼버렸다고 한다. 그가 언제 혼인했는지 정확하지 않지만, 1898년 경 쯤으로 추정된다. 최광옥은 부인 이광일과의 사이에 1남 3녀를 두었다. 1900년 3월 6일에 큰아들 최이락이 태어났고 1902년 3월 4일에 맏딸 최이설, 1905년 5월 30일에 둘째딸 최이권이 태어났다. 그리고 그가 사망한지 세달 후인 1910년 10월 23일에 셋째딸 최이순이 유복녀로 태어났다.

최광옥은 문중에서 쫓겨나는 수모를 당하면서도 온 집안 식구를 기독교로 인도했으며 집안의 여자들도 신교육을 받도록 권유했다. 도산 안창호가 자신의 누이 안신호와 약혼녀 이혜련을 정신학교에 입학시켜 신교육을 받게 한 것처럼 그도 결혼한 아내 이광일을 2년제 성경학교에 입학시키고 신교육과 함께 신실한 기독교 교육을 받을 수 있게 배려하였다. 이광일은 정규교육을 받은 바 없지만 성경학교를 졸업한 후에 교회를 도와 열심히 가르치는 일로 봉사했다.

독립협회 활동 당시 20세가 갓 넘은 청년이던 그 또한 독립협회 활동에서 민족의식과 사회·정치의식을 키워갔으며 이때 안창호, 방기창, 서병호, 김필순, 이승훈, 주시경 등 서북지방 인물들 뿐만아니라 이승만·신흥우·이상재 등 기호지방 인물들과도 친교를 나누며 교제하였다. 당시 독립협회에 모인 이들 대부분은 공통적으로 어떤 종교적 힘이나 정치적 방안을 채택하여 시민운동을 펼쳐가고자 했으며, 이를 통해 국민을 통일해야만 민족이 진로를 열어 갈 수 있다고 생각했기에 사명감을 가지고 활동했다.

독립협회는 짧은 기간 존립했지만 한국의 자주 독립과 민주주의와 자주 근대화를 추구하고 민권운동을 벌인 한국 최초의 근대적 사회 정치 단체였다. 독립협회에서 활동한 기간 중 기독교 정신과 민족정신이 날줄과 씨줄로 얽혀 최광옥의 정치 사회 의식세계의 지평은 크게 확대되었다. 이 당시 그는 나라와 민족을 위하여 큰 일을 하겠다는 장대한 포부를 품게 되었다.

최광옥은 개혁파세력인 윤치호의 학식과 경험에 큰 감명을 받았으며 조선왕조에서 입헌군주국으로 정치체제를 개혁하고자 하는 열망이 있었기에 미몽에서 깨어나지 못한 국민들을 근대적 시민으로 성장시키기 위해서는 계몽과 교육이 우선되어야 한다고 믿었다.

특히 독립협회 활동 중 만난 주시경과 이상재는 후일 그에게 큰 영향을 끼쳤다. 그는 한글이 우리 민족운동에 담고 있는 큰 뜻을 알고 있었다. 한국 최초의 민간신문인 『독립신문』은 한글 전용으로 발행되어 민족의 글로써 내재된 의식을 표현할 수 있음이 얼마나 소중한 일인가를 깨닫게 해주었다. 기독교 선교사들은 한국에 전도활동을 하면서 기독교의 전파를 위해 성경을 한글로 번역하여 널리 보급하는데 심혈을 기울였다. 최광옥은 이를 지켜보면서 소중한 한글을 민중에게 가르쳐 암흑과 같은 문맹상태에서 벗어나게 해주고 싶었다. 우리말과 글을 통해 민족의식을 지키려면 한글의 문법체계를 빠르게 정비하고 통일해야 한다고 깊이 느꼈다.

서울과 평양을 오가며 독립협회 활동을 펼칠 때 열강들은 조선을 둘러싸고 열강들이 눈치를 보며 서로를 견제하고 있었다. 이 틈을 타서 대한제국을 입헌대의제 국가로 개혁하고자 그는 국민의 기본권 수호를 주장하고 부패한 탐관오리를 강하게 규탄하였다. 독립협회 관서지부를 이끌던 안창호도 평양 쾌재정에서 정부의 탐관오리를 규탄하는 연설을 하여 군중으로부터 갈채를 받았다. 도산이 쾌재정에서 행한 연설은 그를 일거에 유명 인사로 만들었다. 도산이 연설하던 날은 1898년 음력 7월 25일로 광무황제의 탄신일이었기에 평양의 관찰사, 진위대장 등도 참석했다. 이때 도산의 연설 내용을 간단히 요약하면 다음과 같다.

쾌재정 쾌재정하더니 오늘날의 쾌재정입니다. 오늘 이 자리에서 폐하의 탄일을 우리 백성들이 경축하게 되었으니, 이것은 참으로 드문 일입이다. 여기에 더 유쾌한 날이 어디 있겠습니까. 다음에 관찰사 이하가 이 자리에 나와 우리와 함께 이 날을 축하하니 관민동락官民同樂이 아니고 무엇입니까. 또한 쾌한 일입니다. 그래서 이것이 오늘 쾌재정의 삼쾌三快올시다. …… 세상을 잘 다스리겠다고 신사도新使徒가 온다는 것은 말뿐입니다. 백성들은 어떻게 하면 잘살게 해주느냐고 가뭄에 구름 바라보듯이 하늘만 쳐다보는데 모두가 삼일공사三日公事가 되고 마니 죽는 것은 애무한 백성들뿐이 아닙니까. 인모 망건을 쓴 대관, 소관이 와서는 여기서 쑥떡, 저기서 쑥떡하고 각 청에 존문만 보내지 않습니까. 이 존문을 받은 사람은 반드시 돈을 싸가지고 가야하지 않습니까. 만일에 존문을 받고서 돈을 싸서 돌려보내지 않으면 큰일이 나지 않습니까. 예를 들면, 붙지 않은 제 어미한테도 붙었다고 해서 잡아가 주리를 틀고 때려시 돈을 빼앗으니 이런 학정이 어디 또 있습니까. 그런 돈으로 밤낮으로 선화당에 기생을 불러다가 풍악을 잡히고 연광루로 놀이를 다니며 백성들은 못살게 하니 이래서

야 어찌 나라꼴이 잘 될 수 있습니까. …… 진위대장은 백성의 생명재산을 보호하는 울타리인데 보호는 커녕 백성의 물건을 빼앗는 약탈자 노릇을 한다면 우리나라 일이 어떻게 되겠습니까.

도산의 쾌재정 연설은 그야말로 모인 사람들의 가슴에 맺힌 한을 일거에 속시원하게 풀어주는 명연설 중의 명연설이었다. 연설회에 참가한 관찰사, 진위대장도 하는 수 없이 그 연설을 들어야 했다. 쾌재정 연설 이후 독립협회 관서지부의 기세는 하늘을 찌를 듯이 드높았다. 1898년 10월 평양 관찰사 조민희와 평양 군수 이계필의 부정부패를 성토했으며, 이로 인해 이들은 스스로 사직을 자청하기에 이르렀다. 그뿐이 아니었다. 독립협회 중앙 본회의 활동에도 적극 참여했다.

이처럼 독립협회는 당시 부패한 관료들을 규탄하고 그들을 해임시키는데 큰 영향력을 발휘하였다. 한편 열강의 이권침탈 요구에 대한 강력한 반대운동을 전개하여 목적을 이루기도 하였다. 러시아는 목포와 진남포 부근의 도서島嶼지역을 조차租借한 러시아가 1898년 5월 독립협회의 반대와 규탄운동으로 포기하였고 프랑스의 광산채굴권 요구도 저지되었다. 독일이 강원도 금성 당현의 금광채굴권을 요구하자, 독립협회가 만민공동회를 개최하여 이를 막아냈다. 또한 일본의 경부철도 부설권 요구도 역시 독립협회에 의해 저지당했다.

1898년 9월 국왕은 '아관파천'하여 러시아 공사관에 있으면서 러시아의 힘을 빌려 일본의 침략을 견제하고자 했다. 그러나 이때 러시아를 비롯하여 미국·일본·독일·프랑스·영국 등 각 열강들은 경쟁적으로 한

독립협회에서 활동할 당시 안창호(가운데), 단발하기 전 갓을 쓴 모습이다

1897년 11월 20일에 준공된 독립문

국의 광산·철도·전신·삼림·어장 등 각종의 이권을 침탈하였다. 그러자 독립협회는 열강에게 침탈당한 이권을 낱낱이 조사하여 밝히고 추후 열강의 이권침탈을 저지시키기 위한 방안을 발빠르게 모색했으며, 과거 열강의 이권침탈에 가담한 독립협회 전회장 이완용을 독립협회에서 제명시켰다.

독립협회는 전제군주제를 입헌군주제로 개혁하여 국제 세력균형이 깨어져도 독자적인 힘으로 나라를 지킬 수 있는 체제개혁을 단행하고자 하였다. 1898년 7월 3일에 국왕에게 정식으로 의회원 설립에 대한 상소를 올린 독립협회는 서양은 전제정치라도 상·하원을 설치하여 여론정치를 하고 있으니 우리도 중추원을 개편하여 의회원을 설치하자고 제안했다. 그러나 국왕 고종의 응답은 부정적이었다.

독립협회는 7월 11일 재차 상소하며 의회설립을 요청했다. 그러면서 의회 설립에 걸림돌인 친러수구파 정부를 붕괴시키고 의회 설립에 찬동하는 개혁파정부를 수립하는 것이 선결되어야 한다고 판단하였다.

수구파의 언론탄압과 노륙법奴戮法·연좌법 부활시도를 저지하기 위한 운동을 시작했으며 내친 김에 10월 1일부터 12일까지 황제의 궁궐을 에워싸고 수구파정부의 7대신 퇴진을 요구하는 강경한 철야 상소 시위운동을 전개했다. 이렇게 되자 고종은 어쩔 수 없이 친러수구파 각료들을 해임하고 1898년 10월 12일 전면 개각을 단행하여 개혁파 정부를 수립하였다. 이를 지켜 본 외국공사들은 대한제국에서 '하나의 평화적 혁명 A Peaceful Revolution'이 이루어지고 있다고 본국에 보고할 정도였다.

철야 상소 시위투쟁에서 승리하여 내각 개편이 이루어져 개혁정부가 수립되자, 10월 14일 독립협회와 정부대표가 회의를 열고 의회 설립에 합의했다. 이어서 11월 4일 중추원관제를 제정해서 공포하였다. 이것이 한국역사에서 최초로 의회를 설치한 법률안이었다. 이는 사실상 입법권, 조약 비준권, 행정부 정책에 대한 동의권을 통한 감사권, 행정부 건의에 대한 자순권, 건의권 등을 두루 갖춘 근대국가의 의회 기능을 대변한 것이었다. 그러자 친러수구파들은 의회가 설립되고 입헌대의정치가 실행되면 자기들은 정권에서 영구히 매장될 것이라 판단하고 모략전술을 동원하여 11월 4일 밤 서울 시내 요소에 익명으로 전단을 배포했다.

그 전단에 의하면 11월 5일 독립협회가 독립관에서 대회를 열어 박정양을 대통령, 윤치호를 부통령, 이상재를 내무대신으로 한 공화정부를 수립한다는 것이었다. 그러자 고종은 이에 놀라서 독립협회를 반역단체로 몰아 이상재 등 17명의 독립협회 지도자들을 긴급 체포하였다. 이어 개혁파 정부를 해산시킨 후 수구파 정부를 수립하고 중추원 신관제도 취소해 버렸다.

그러자 독립협회 회원들과 시민들은 11월 5일부터 만민공동회를 개최하여 독립협회 지도자 석방과 독립협회 부설을 요구하는 투쟁을 전개했다. 만민공동회의 만 42일간에 걸친 완강한 철야시위와 정권교체, 의회 설립 요구가 계속되자, 고종과 수구파 정부는 보부상 단체인 황국협회를 동원하여 만민공동회를 폭력으로 탄압했으며 1898년 12월 25일 시위대의 무력을 동원하여 서울 일원에 계엄령을 선포하였다. 독립협회 해산령을 내림과 동시에 독립협회 주요인사 340명을 일거에 체포하여 무력으로 강제 해산시켜 버리고 말았다.

독립협회가 주최한 관민공동회에서 연설하는 이상재

　독립협회가 짧은 기간동안 격렬한 활동을 펼칠 때, 최광옥은 서울과 평양을 오가며 서울에서는 만민공동회에 참가하고 평양에서는 독립협회 관서지부에서 활동하였다. 이 무렵 그의 행보는 안창호와 동일했을 것이다. 둘은 위기에 처한 나라와 민족을 위해 헌신할 것을 약조하고 함께 고민하며 그 방법을 모색해 나갔을 것으로 보인다.

점진학교에서
교육자의 첫길을 내딛다

독립협회가 해산되자, 최광옥도 고향 중화로 낙향하였다. 고향에 내려와 새로운 활동을 모색 중인 그에게 안창호는 교육사업을 함께 할 것을 제안하였다. 언더우드목사가 설립한 고아학교의 후신인 민노아閔老雅, Miller학당에서 근대교육을 받은 바 있고 또한 독립협회에서 활동한 경험을 바탕으로 나름대로 교육관을 갖게 된 안창호는 독립협회 해산 후 고향인 강서로 내려가 탄포리 교회를 설립하고 초등교육 학교 건립을 계획했다. 안창호는 독립협회 동지인 최광옥과 함께 교육 사업을 펼쳐보고자 학교 설립을 제안하였다.

최형,
내가 학교를 세워 교육 일을 하고자 하는데, 나와 함께 학교일을 해주셨으면 합니다. 한발자국 한발자국 나가자는 의미에서 학교 이름은 '점진漸

進'이라고 붙였습니다. 최형이 나를 도와 이번에 설립할 점진학교를 같이 키워나갔으면 합니다. 최형도 아시지만 독립협회의 실패 원인 중에는 우리 국민들의 미각성과 교육이 부족한 때문이라고도 봅니다.
단시일에 우리가 목표한 바가 이루어질 것이라고는 생각지 않지만 누군가는 시작해야 한다고 믿습니다.

이렇게 하여 독립협회가 해산된 이듬해인 1899년에 평남 강서군 동진면 암화리에 점진학교가 설립되었다. 점진학교는 강서군 최초의 남녀공학으로써 '점진'이란 이름처럼 차근차근 장기적인 교육 목표를 이루어 보고자 했던 안창호의 교육관이 반영된 학교였다.

한국에서 근대 신교육은 선교사들이 설립한 기독교학교에서 비롯되었다. 감리교와 장로교가 중심이 되어 먼저 서울에서 배재학당(1885)과 이화학당(1886), 그리고 구세학당(경신학교 1886) 등이 설립되었다. 더욱이 1894년 갑오개혁의 실시로 전통교육의 중요한 목표인 과거제도가 폐지되자 근대교육에 대한 욕구가 증대하였다. 국가는 법관양성소·한성사범학교 등의 관리양성 학교를 설립하였고 200명에 가까운 인원을 관비 유학생으로 일본에 파견되었다.

이후 서울에 소학교·중학교가 도처에서 설립되었고 의학교·상공학교·광무학교鑛務學校·모범양잠소·공업전습소 등의 실업학교들이 세워져 근대교육을 시작하였다. 한편 민간에서도 많은 사립학교가 도처에 설립되었다.

점진학교도 이들 사립학교 중의 하나로 안창호는 그를 교사로 초빙하

언더우드가 세운 고아학교가 발전한 민노아학당의 교사와 학생들
후에 경신학교로 발전하였다.

사립국민사범학교 제1회 졸업식
서당의 훈장들도 사범교육을 받았다.

안창호와 최광옥이 설립하고 기초를 닦은 점진학교의 교사와 학생(1932년 당시)

여 함께 교육 사업을 이끌어주기를 요청한 것이다. 비록 그가 정규교육을 받지 않았지만 그럼에도 교사로 초빙한 것은 함께 활동하면서 알게 된 그의 인격과 지성을 높이 평가했기 때문인 것으로 보인다.

처음 점진학교는 서당 훈장인 김상현의 사랑방에서 시작되었다. 그러나 이후 암화리의 이른바 '바위꽃'이라 불리던 마을 중앙에 학교 교사를 새로 짓고 이전하였다. 학년제도는 초등과정 4년제, 중학과정 2년제를 두었으며 먼 곳에서 오는 학생들에게 기숙 편의를 제공하고자 기숙사도 세웠다. 교장 안창호와 함께 교사로는 최광옥과 이석원 등이 활약했다.

점진학교는 이 지역에서 처음으로 지知·덕德·체體를 갖춘 인물양성을 목표로 한 신교육을 실시하였으며 동시에 학생들과 함께 암화리 하천에 제방을 쌓고 침수지를 메워 농토를 확장하는 등 토지개척사업을 벌였다. 신학문을 가르치는 공부 외에도 개척정신을 키워주는 실천교육을 병행했던 것이다. 당시 점진학교의 교풍은 매우 엄격했다고 알려져 있다.

최광옥은 이 무렵부터 토지개척 사업에 큰 관심을 갖고 있었다. 황무지를 개간하여 땅을 일구는 것만이 아니라 개척된 토지에 새로운 공동체를 이루어 모범적인 농촌을 건설하고자 한 것이다. 이러한 꿈은 후일 모범촌 혹은 이상촌 건설운동으로 계승되어 간다.

그는 점진학교에서 학생들을 가르쳤지만 교회에서 배우고 독학으로 공부한 것이기에 체계적으로 가르치지 못하는 한계에 부딪쳤다. 점진학교 교사로 시무하고 있는 중에도 공부를 계속하고자했던 최광옥은 베어드목사가 1900년 가을 학기부터 새로 숭실학당에 중학교과정을 개설한다는 소식을 듣고 신입생으로 입학할 결심을 했다.

신학문의 목마름으로
숭실학교에 입학하다

서북지방은 다른 지방에 비해 기독교 선교사들의 전교활동이 활발했다. 1885년부터 1910년까지 한국에 설립된 교회 683개 중 서북지방과 해서지방에 설립된 교회가 362개로 전국적으로 보면 50퍼센트 이상을 차지했다. 한편 근대 학교의 설립 성적 또한 다른 지역보다 북부지방이 활발했다. 서북지방이 다른 지방에 비해 기독교 전파가 활기를 띠고 사회경제적으로도 상품화폐경제가 활발했던 것은 농업적 생산체제의 전통적 기반이 약하고 삼남지방과 같이 반상의 구분이 확실한 신분구조가 취약함으로써 새로운 문명을 수용하고 변화해 가는 속도가 그만큼 빨랐기 때문이다. 이 지역은 특히 상공업을 통해 부를 축적한 이들이 많이 등장하여 사회저변을 이루며 누구보다도 사회 변화에 민감하게 반응했다. 그래서 전통적 신분 질서를 거부하고 자신들의 사회경제적 처지에 맞는 정치사회적 권리를 찾고자 했다. 한마디로 그들은 새로운 변혁을

전통양식의 숭실중학교 교사

요구했던 것이다.

　신흥 상공인들은 자신의 자식들은 급격히 변화하는 시대에 적응할 수 있도록 신학문교육을 받기를 원했다. 이러한 분위기를 파악한 기독교 선교사들은 전교활동의 일환으로 신식학교를 설립했다. 모페트Moffett의 뒤를 이어 평양에 선교사로 파견된 윌리엄 베어드는 1897년에 평양에 가장 대표적인 근대 교육학교인 숭실학당을 설립했다.

　숭실학당의 설립 목표는 당시 기독교계의 모든 학교가 그렇듯이 이 땅에 그리스도의 복음을 전파하기 위해 참된 교사와 교역자를 양성하는 데 두었다. 몇 안되는 학생으로 시작했지만 숭실학당은 빠른 기독교 전파와 함께 1900년 가을 신학기부터 수업연한 5년의 정규 중학교로 발전하였다.

점진학교 교사로서, 기독교 전교사로 활약하면서 최광옥은 항상 신학문에 목말라하며 더 큰 교육자가 되기 위해서는 체계적으로 공부해야 한다는 절실함을 느꼈다. 좀 더 넓은 세계에서 신학문을 배우고 싶었지만 외국으로 유학할 처지가 못되었다. 그러던 중 선교사 베어드의 권유를 받아 새로이 출발하는 숭실중학교로 진학을 결심하게 된 것이다.

숭실학당을 설립한 베어드 목사

1900년 가을 학기에 입학하여 1901년 2학년으로 월반하여 수업받은 최광옥은 당시 24세였다. 그 때 21개 군에서 입학한 학생들의 평균나이가 20세였음을 비교해 보면 그의 나이는 많은 편이었다. 그러나 그는 숭실학교에서 기독교 정신에 기초하여 새로이 근대 신학문을 열심히 공부하기로 결심했다.

그는 무슨 일을 하든지 열성을 다하고 불모지인 한국의 교육계에 반짝이는 아이디어와 정열적인 실천력을 보여주며 이미 평양 일대 교육계에서 이름 높은 명사가 되었다. 안창호가 점진학교를 세운지 3년만인 1902년 교육학 공부를 하기 위해 미국유학길에 오르자, 점진학교는 그가 도맡아 운영하게 되었다.

이후 안창호와 최광옥이 각기 미국과 일본으로 유학하여 학교를 떠나게 된 뒤에도 점진학교는 계속 운영되었다. 1928년에 재정난으로 폐교될 위기에 처하기도 했으나 조만식이 탄포리교회에서 부흥강연회를 열

숭실학당의 교사와 학생들

어 천여 원의 회사금을 모금하여 다시 학교 문을 열은 적도 있었다. 점진학교 교장으로 최준익 목사와 김상현이 봉직하였다. 1938년 동우회 사건이 일어났을 때 당시 교사였던 김봉성과 안맥결이 구속되었다가 석방된 바 있다. 나사렛 신학대학 설립자인 정남주 목사, 안세의원 원장이던 안창환, 뉴욕 대학의 임순만 박사, 이권찬 목사, 박기원, 안맥결 등이 점진학교 출신들이다.

당시 숭실중학교의 교과내용을 보면, 수학에 산수·대수·기하, 과학에는 생리위생학요의·식물학·동물학·물리학·천문학·화학, 그리고 지리학, 인문학, 지도그리기, 작문, 미술, 체조, 음악, 조선어문법, 신약·구약 성경, 19세기 특수사 등의 교과목이 설치되어 학생들은 당대에 그야말로 최고로 수준높은 신교육을 수업했다.

대부분의 교과는 외국인 선교사들에 의해 교수되었다. 베어드의 아들인 리처드 베어드가 두 명의 상급반 학생 조교에 의해 교수되었다고 기억한 것으로 보아 상급 학생 중에서 교사가 되어 수업지도를 맡기도 했음을 알 수 있다. 최광옥도 학생이면서 조교직임을 맡아 하급반 학생들을 가르치기도 했다. 이처럼 그는 선교사들 사이에 교사로서도 충분한 자격을 갖고 있다고 인정받았으며 선교사들에게 특별히 사범교육을 받았을 것으로 보인다.

숭실중학교는 각종 한문 교과서를 교재로 사용하였다. 1903년 무렵에 이르면 지리·세계사·조선어문법에 관한 인쇄본 교재를 사용하였다. 독립협회 당시부터 국어에 큰 관심을 갖고 있었던 최광옥은 숭실중학교의 조선어문법 과목을 통해 국어문법을 체계적으로 공부할 수 있었다. 후일 그가 교육현장에서 국어를 가르치면서『대한문전大韓文典』을 집필하여 이 땅에 처음으로 국어교육의 교재로 전파할 수 있었음은 독립협회와 숭실중학교에서의 국어사용과 교육 경험이 바탕이 되었을 것이다.

숭실중학교에서 그는 선교사 교사들에게 신학문을 배우고 후배 학생들에게는 가르치기도 하면서 마침내 1904년 5월 15일에 숭실중학교의 첫 졸업생이 되었다. 이날 거행된 졸업식에는 그와 차리석, 노경오 3인만이 첫 졸업의 영예를 안았다. 차리석은 최광옥이 일본으로 유학하는 동안 숭실중학교 교사로 부임했으며 최광옥의 권유를 받아 신민회와 청년학우회 등에서 함께 활동하면서 동지적 관계를 쌓아갔다.

그가 숭실중학교에 재학하고 있는 동안에 점진학교에는 상주교사로 근무하지 못했을 것이다. 그러나 안창호가 미국으로 떠난 후 점진학교 운영을 부탁했기 때문에 학교 일에는 관여했다. 한 예로 그는 점진학교와 숭실중학교의 학제가 연결되도록 조치했다. 점진학교의 중학과정을 졸업하면 남자는 평양 숭실학교 3학년으로 편입하고 여학생은 숭의학교 3학년으로 편입할 수 있도록 한 것이다.

숭실중학교 졸업장(1907. 5. 13)
제1회 졸업생인 차리석이 교사로 복무하고 있었다.

숭실중학교의 재학 중에는 선교사인 외국인 교사들이 주목을 받아 재학생이면서도 학생을 지도할 정도로 능력을 인정받았던 그는 숭실중학교를 졸업하자마자 곧바로 교사로 채용되었으며 일본으로 유학을 떠나기 전까지 숭실중학교에 재직하였다. 뛰어난 지적 능력과 진실한 신앙심을 높게 평가한 선교사들은 그를 교회 사업에 종사할 지도자로 키우고자 했다. 당시 선교사들에 의해 설립된 미션스쿨은 교육기관이지만 기독교 전도활동에 더 큰 의미를 부여했으며 그것은 바로 선교사들에 의해 설립된 기독교 학교의 본질이기도 한 것이다.

숭실중학교 교장 윌리엄 베어드는 그를 깊이 신임하였고 재학시절부터 뛰어난 기독교 전도능력을 높이 평가했다. 그러나 그는 베어드 교장과 선교사들의 전폭적인 애정을 뒤로 하고 종교보다는 민족문제를 자기 앞에 놓여진 시급한 과제로 택하였다. 그러한 선택이 본인의 신앙과 그리 배치되지 않는다고 믿었다.

사범강습회에서
김구를 만나다

1904년에 들어와 한국과 만주지배를 둘러싸고 러시아와 일본간에는 긴장감이 돌고 있었다. 급기야 2월에 러일전쟁이 발발했다. 일본은 외교활동을 벌여 러시아를 견제하는 미국, 영국, 독일, 프랑스 등 구미 열강에게 한국침략을 묵인해 주도록 조치했다.

러일전쟁이 일어나기 이전에 대한제국정부는 중립을 선언하고 각국에 통고했지만 일본은 주요 거점을 점령하였다. 일본은 러일전쟁이 일어난 직후 인 2월 23일에 「한일의정서」를 한국에 강요했다. 이 의정서에 의하면 한국은 실질적으로 일본에 보호국이 되었다. 이 무렵 최광옥은 숭실학교를 졸업했다.

숭실중학교를 졸업한 직후인 1904년 5월에 평양 장대현교회에서 주관한 사범강습회가 열리게 되었다. 이 강습회는 신문화로 개화한 인재들을 모아 그들을 기독교 교역자로 양성하려는 목적으로 소집되었다.

자기희생정신과 자신감과 자부심을 가진 인재들을 모아 이들에게 사범교육을 받게 하여 교육계와 신앙계의 인재로서 키우고자 한자리에 모이도록 한 것이다.

이때의 평양 사범강습회에는 각지 교회와 학교의 직원과 교원들이 더 큰 배움을 위해 몰려들었다. 여기에 숭실중학교를 갓 졸업한 최광옥도 참여하였고 여기서 그는 김구를 만나게 되었다. 그와 김구는 장대현 교회의 장로인 방기창 집에 머물게 되었다.

방기창은 황해도 신천 출신으로, 동학의 황해도 접주 및 오읍 도령장이었다. 방기창은 1893년에 기독교로 개종하여 북장로교 선교사 모페트가 설립한 장대현교회에 출석하여 신앙을 키웠다. 그는 1902년 장대현교회의 제2회 장로가 되어 기독교 전도에 큰 활약을 하였다. 1902년 모페트의 집에서 시작된 신학교육을 받고 이후 평양장로교신학교로 발전하였을 때 첫 입학생이 되었다. 평양장로교신학교는 한국 최초의 신학교로서 1907년에 첫 졸업생을 배출하였는데 방기창은 한석진, 서경조, 양전백, 길선주, 이기풍, 송인서 등과 함께 한국의 첫 목사로 장립되었다.

최광옥과 김구는 사범강습회를 마치고 방기창의 집으로 돌아와 시국을 토로하며 우의를 다지게 되었다.

저는 김창수라고 합니다. 최광옥 선생이지요. 선생의 명성은 익히 제가 들었습니다. 이렇게 만나 뵙게 되어 정말 영광입니다.

러일전쟁 때 제물포항으로 상륙하는 일본군

평양장로교신학대학 졸업생들
뒷줄 왼쪽이 방기창이다.

김구는 이미 종교계와 학계에 그 명성이 자자했기에 단번에 최광옥을 알아보았다. 당시의 그와의 만남을 김구는 '당시 숭실중학생으로 교육과 애국의 열성이 학계와 종교계와 일반 사회에 명성이 쟁쟁한 동지라. 최 군과 친밀히 교제하며 장래사를 의논하던 중'이라 회고하였다.

이 만남에서 그는 김구가 자신보다 한 살 위의 같은 또래임을 알게 되었다. 두 사람은 서로 세상 돌아가는 이야기를 나누면서 시세를 인식하고 보는 안목이 일치함을 느끼고 사범강습회 내내 의기투합하였다. 두 사람은 장래 일을 상의하고 신변의 일까지도 주고받으며 가까워졌다.

"창수(김구의 개명 전 이름) 선생은 자제분이 어찌 됩니까?"

그가 진지하게 묻자, 김구는 특유의 여유만만한 어투로 대답하였다.

"아직 좋다는 처자가 나서지 않아 장가도 못갔습니다그려. 허허. 여러 차례 혼인을 해보고자 했는데 인연이 닿지 않아서인지…."
"아이고 그러세요. 제가 이렇게 눈치가 없습니다. 그렇다면 제가 선생께 좋은 처자를 소개해드려도 되겠습니까?"

김구가 결혼을 아직 못하고 있는 처지를 알게 된 그는 안창호의 누이동생인 안신호를 떠올렸다. 그는 조심스럽게 김구에게 안신호를 소개하며 결혼을 권유했다. 김구와 안신호 사이에 혼인 말이 오간 사실은 『백범일지』에 소개되어 있다. 안창호가 1902년 미국으로 유학간 이후에도 최광옥은 점진학교에 관계하면서 안창호의 가족들과도 긴밀한 유대 관계를 지속하고 있었다. 안창호의 집안을 알고 김구의 인격을 알게 된 그는 안신호와 혼인 성사에 적극 나섰다.

"제가 권고하는 처자는 선생도 잘 아는 안창호군의 누이동생 안신호입니다. 신호는 방년 20세로, 활달하고 아주 영민한 나무랄 데 없는 처녀이지요. 먼저 만나보시고 피차에 뜻이 맞으면 성혼하기로 합시다."

최광옥은 김구와 안신호를 안창호의 부인 이혜련의 친정아버지인 이석관의 집으로 오게 하였다. 그와 안창호의 장인인 이석관은 모여 앉아 안신호를 면대하고 김구와의 혼인 의사를 조심스럽게 타진하고 방기창의 집으로 돌아왔다. 김구가 집으로 들어서자 그는 급히 혼인 의향을 물었다.

"신호가 어떠하신지요."
"예. 저야 마음에 듭니다만 신호양이 어떤지 모르겠습니다."

얼굴에 화색을 띠며 김구는 낭랑한 목소리로 응답했다.

"하하. 신초도 김형이 마음에 있는 모양입니다. 내친 김에 내일은 아예 약혼을 하시고 고향에 내려가시지요."

안신호와 김성택 부부

그가 이렇게 두 사람의 혼사에 적극적으로 나섰던 것은 도산 안창호에 대한 두터운 우정과 새로 교제한 김구에 대한 각별한 신의가 있었기 때문이다. 노총각 김구는 흡족한 마음으로 아침을 맞이하였다. 그러나 이른 아침에 최광옥과 이석관이 달려와서 안타까운 소식을 전했다.

"신호가 어젯밤에 한 통 서신을 받고 밤새껏 고통으로 마음에 큰 풍파가 생겼습니다. 다름이 아니라 오라버니인 안창호가 몇 해 전 도미할 때에 상해 모 중학에 재학중인 양주삼군에게 누이동생과 혼인하라는 부탁을 했었다는군요. 그 때에 양군이 아직 재학중이니 혼사에 대한 확실한 생각이 없으나 학업을 마친 후에 결정하겠다는 말이 있었다고 합니다. 공교롭게 어제 형과 면회하고 돌아갔는데 마침 양군의 편지가 왔다지 뭡니까. 이제 자기는 학업을 마쳤으니 혼인 허락 여부를 통지해 달라고요. 양손에 떡을 쥔 신호가 어찌 할 줄을 모르고 애를 쓰는 모양입니다. (신호가) 다시 결정하는 의사를 듣고서 길을 떠나라고 합니다."

이 말을 전하고 다시 신호의 의사를 듣고자 갔던 최광옥은 김구가 아침 식사를 마친 후 돌아와 신호가 결정한 뜻을 전달했다.

"김형. 어렵게 주선한 일인데…. 일이 틀어져 미안하게 되었습니다. 신호는 자기 처지로서 양주삼이나 김형 두 사람 중에 누구는 버리고 누구는 취하고 할 수 없다고 하네요. 의리로 보아 어려우니 양쪽을 다 거절하겠다는군요."

김구는 크게 실망했지만 내색할 수 없었다.

"어렸을 때부터 한 동리에서 같이 성장한 김성택이 이미 청혼하였으나 그이의 신체가 약함을 꺼리어 허락하지 않았는데, 지금에 이르러서는 김형과 양군 모두 사절하고 김성택에게로 시집가기로 결심했다고 하는군요."

김구는 이 말을 전해 듣고 섭섭함을 금치 못하였다. 이 말을 전한 후 얼마 뒤에 안신호는 직접 김구를 찾아와 자신의 입장을 해명하였다.

"나는 지금부터 당신을 오라버님으로 섬기겠습니다. 매우 미안하외다. 나의 사정이 그리 된 것이오니 너무 섭섭히 생각지 마십시오."

김구는 안신호의 쾌활하고 명쾌하게 결단내리는 도량을 보고서 역시 괜찮은 처녀라고 거듭 확신했지만 그녀의 결심을 돌이키려고 하지는 않았다. 깨끗이 안신호의 결정을 받아들였다. 안신호는 후일 김성택과 혼인했으며 김구는 후일 최준례와 혼인했다.

김구와 혼인문제를 의논할 만큼 가까워진 그는 사범강습회가 끝나고 이어서 역시 평양 장대현교회에서 열린 부흥사경회에도 함께 참석하였다.

기독교계가 사경회를 개최하는 것은 1890년대 초부터 주로 동절기와 하절기로 나누어 평양과 같은 기독교의 중심지에서 개최하였다. 선교사들은 불같이 일어나고 있는 근대 교육운동에 참여하며 신학문을 배우고 사범의 기술을 전수받고자 모여든 중진의 교육가들을 대상으로 사경회를 개최하여 그들을 기독교를 전파해 줄 교역자로 양성하고자 한 것이다. 당시 그를 비롯하여 사범강습소 과정에 참여했던 인물들 대부분이 사경회에 참석했다.

사경회가 끝나자 장연에서 온 김구와 오순형 등은 고향 장연으로 돌아가는 길에 최광옥을 초빙하며 동행해 줄 것을 요청하였다. 사범강습회와 사경회에 참석하는 동안 이미 그의 깊은 신앙심에 감명받은 김구는 장연 마을로 초빙하여 기독교 선교활동을 지도해 줄 것을 요청한 것

상해시절 김구와 최준례 부부
김구는 3·1운동이 일어나자 상해로 망명하여 대한민국임시정부를 지도하였다. 가족들은 1920년에 상해로 이주하였다.

이다. 김구는 해주가 고향이나 1903년 2월 진사 오인형의 초빙을 받아 장연읍 사직동으로 이사와 오진사의 큰사랑에 학교를 개설하였다. 장연으로 가서 잠시 동안이지만 전교활동을 한 그는 숭실중학교 교장 베어드에게 전교활동 상황을 보고하였고 이때의 상황을 베어드 목사는 선교본부에 다음과 같이 보고하였다.

…… 집으로(장연에) 돌아가는 길에 그들(김구와 오순형)은 숭실학당을 올해 졸업하고 학교 교사로 있는 최광옥에게 함께 가서 전도해 줄 것을 부

1904년 2월 23일 한일의정서 늑결을 축하하는 이토오 히로부미 일행

탁했다. 최씨는 이를 받아들여 같이 갔는데, 가는 길에 배에 탄 사람들에게 전도하였다. 이 때 신천에서 온 두 사람이 그리스도를 영접하였다. 장연 집에 도착하여 최씨는 매일 저녁 사랑방에서 전도하고 모인 신자들의 믿음을 강하게 하였다. 얼마 후 그는 평양으로 돌아왔는데, 오씨(오순형)의 형(오인형) 집안사람 다섯 명이 새로 (기독교를) 믿기로 결심하였다는 기쁜 소식을 전해주었다.

이처럼 최광옥의 전도능력은 놀라왔다. 러일전쟁에서 승리한 일본은 8월에 「한일외국인고문용빙에 관한 협정서」를 체결토록 강제하여 이른바 고문정치체제를 확립하고 식민지 방안을 추진해 나갔다.

러일전쟁의 전쟁터로 전락하여 극심한 고통을 당한 한반도는 국제간 힘의 균형을 이용하고자 했던 노력이 수포로 돌아가고 이제 일본은 그 어떤 나라의 간섭도 받지 않은 상태에서 한국침략을 노골화했다. 반일운동도 거세져 1904년 7월에 유교지식인들이 주도해 결성한 보안회가 일본의 황무지개척권 반대운동을 주도하며 처음으로 결사운동을 전개했다. 이즈음 공진회, 국민교육회, 그리고 일진회 등도 결성되어 정부의 시정개선을 요구하며 경쟁적으로 활동했다.

일진회를 설립하여 친일 주구로 나선 이용구(왼쪽)와 송병준

러일전쟁의 와중에 결성된 일진회는 초창기 무렵에는 애국계몽운동을 전개하는 단체로 알려져 있었다. 숭실중학교를 졸업한 해인 1904년에 최광옥도 한 때 일진회에 참여하여 기록서기를 맡은 적이 있었다. 일진회는 친일 여론을 조성할 목적으로 일본군부가 육성한 송병준 일파가 조직한 단체로 이용구가 조직한 진보회를 매수·흡수하면서 1904년 9월에 그 모습을 드러냈다.

일진회는 발족과 동시에 ① 황실을 존중하게 하고 국가의 기초를 공고하게 할 것, ② 인민의 생명과 재산을 부호하게 할 것, ③ 정부의 개선 정치를 실시하게 할 것, ④ 군정과 재정을 정리하게 할 것 등 4개 강령을 내걸고 활동하였다.

일진회원과 의병진압에 나선 자위단 구호대

러일전쟁 동안 일진회는 일본군을 위해 군수품을 운반해주고 군용철도 부설공사에 노동력을 강제 동원하는 역할을 수행했다. 일진회 회원들 중에는 일본군의 밀정으로 암약하며 스파이 활동을 하였고 그 공로로 일본군의 기밀비에서 10만 엔을 지급받은 자도 있었다. 러일전쟁이 일본의 승리로 돌아가자 일진회는 10월 22일에 평의원 회의를 개최하고, 일진회의 취지가 일본 군략상에 조금도 방해가 안된다는 뜻을 의결하고 이날 주한일본군사령관 육군대장 하세가와, 헌병대장 다카야마, 그리고 주한일본공사 하야시에게 서한을 전달하면서 노골적인 친일 행위에 앞장섰다. 최광옥은 일진회가 전개하는 국정개혁요구와 단발착모운동 등의 문명개화운동이 표면상의 취지와는 전혀 달리 일제 침략에

러일전쟁 때 일본군의 군수물자를 지게로 이동하는 조선인들

동조하며 친일색채를 공공연하게 드러내자 조금도 지체하지 않고 당장 탈퇴하였다.

러일전쟁 후 국제정세는 숨가쁘게 돌아갔다. 일본은 미국과 태프트·가쓰라 각서(1905. 7)와 영국과는 영일동맹(1905. 8), 러시아와 포츠머스 조약(1905. 9) 등을 체결하며 국제 열강들로부터 한국 지배에 대한 승인을 받아두는 한편, 1905년 11월 17일 이른바 '보호조약'이라는 이름을 내걸고 강제로 국권을 강탈하였다. 일진회는 을사조약 늑결을 10여일 앞두고 '한국의 외교권을 일본에게 위임함으로써 국가독립을 유지할 수 있고 복을 누릴 수 있다'는 내용의 선언서를 발표하며 나라를 일본에 넘겨주기 위한 전초작업을 시작했다.

광무황제에게 위압적인 자세로 을사조약 늑결을 통고하는 이토 히로부미
광무황제는 을사조약을 끝내 인준하지 않았다.

　을사늑약의 소식이 알려지자, 전국에서는 의병항쟁이 거세게 일어났다. 기독교 청년들은 서울 상동교회에서 열린 엡윗청년회 연합회에 참가했다. 엡윗 청년회는 상동청년학원과 감리교 계통의 교회청년 조직체로 1905년 11월에 일주일간 기도회를 개최하면서, 국권 강탈에 대한 대책을 논의해 갔다. 이때 진남포 엡윗(의법)청년회의 총무인 김구도 청년회 대표로 참가하였다. 각 도에서 온 청년회 대표들은 전덕기, 정순만, 이준, 이석(이동엽), 최재학, 계명륙, 김인집, 옥관빈, 이승길, 차병수, 신상민, 김태연, 표영각, 조성환, 서상팔, 이항직, 이희간, 기산도, 전병헌(왕삼덕), 유두환, 김기홍 등이었다. 그들은 민족의 비운을 하나님께 간

제2차 한인협약(을사조약) 늑결을 축하하는 이토오 히로부미와 일본군 장정 및 일본공사관원들

구하였고 기도회를 마치고 대안문(대한문) 앞으로 나가 조약무효를 외치며 시위를 벌였다. 그러나 일본 순사대가 밀어닥쳐 일본군과 모인 군중 간에 격투가 일어났다. 군중의 격렬한 시위에 밀린 일본군이 급기야 총기를 발사하여 군중은 흩어지고 수십 명이 체포되고 말았다. 당초 상동청년회회의에서는 5, 6인이 1조로 나뉘어 지속적으로 상소운동을 벌이기로 작정하고 앞의 사람들이 죽으면 다음 사람들이 이어서 대응하기로 결의했으니, 지사들이 체포되어 수십일 씩 구류를 당하면서 저항운동은 중단되기에 이르렀다.

을사늑약 당시 대부분의 민중은 그 조약이 갖는 의미가 무엇인지 조차도 알지 못하는 상황이었다. 그날그날 끼니를 걱정하며 살아야 했던 문맹의 민중에게 '나라'와 '애국'의 문제는 당장의 생존보다 절실한 문제가 아니었다. 때문에 선각자들은 국가가 처한 절체절명의 위기를 타개해 나가기 위해 민중을 계몽하는 방안을 모색하고자 더욱 고심하였다.

"동지들. 나라가 풍전등화에 놓였으나 이 위기를 느끼고 있는 자들이 없군요."
"국가가 바로 자기 집인 줄을 깨닫게 하고 왜놈이 곧 우리의 생명 재산을 빼앗고 우리 자손을 노예로 삼을 줄을 분명히 깨우치도록 하는 외에 달리 최선책이 없다고 생각합니다."
"이제 각자 고향으로 돌아가 인민들에게 애국사상을 고취하고 신교육을 실시하여 이 나라를 구원하도록 합시다."

이 일을 겪은 후 김구는 다시 황해도로 돌아와 교육활동에 묵묵히 종사하였다. 일제는 1906년 2월, 한국통감부를 서울에 설치하고 초대 통감으로 이토 히로부미(伊藤博文)를 임명하며 실제적인 식민통치에 들어갔다. 광무황제는 을사조약에 반대하는 내용의 친서를 국외에 보내고 밀서를 보내 의병봉기를 독촉했다. 전국적으로 의병항쟁이 거세지고 애국계몽운동도 활발하게 전개되어 1906년 이후에 국권회복운동은 지식층과 민중 내부로 깊숙이 파고들었다. 대한제국의 관료와 유교지식인들은 물론이고 개항 이후 상품화폐경제의 발전으로 성장한 상공업자나 부농층도 구국 운동에 적극 참여하였다.

일본 유학으로
미지의 세계에 도전하다

1905년 초 최광옥은 전도활동과 교육운동으로 서북일대에서 유명인사가 되어있었다. 그의 명망이 높아갈수록 더 깊은 학문으로의 열망을 느꼈다. 그의 능력을 인정한 베어드 교장은 그가 숭실학교에 남아 교사가 되어주거나 교회일이나 전도사의 일에 종사해 주기를 기대했으나, 최광옥은 민족을 위해 더 큰 일을 하고 싶어 했다. 점진학교에서 체득한 교육현장 경험과 숭실중학교에서 선진한 서양학문의 논리와 과학적 사고 훈련을 받으면서 그는 민족의 장래가 교육에 달렸다는 확신을 더해갔다.

동지인 안창호가 교육학을 공부하러 미국 유학을 갔듯이 자신도 더욱 큰 뜻을 펼치기 위해서 더 늦기 전에 유학할 것을 결심하였다. 미국에서 견문을 넓히고 있는 안창호의 소식을 들으면서 유학 결심을 더욱 굳어졌는지도 모른다. 그러나 1905년 당시 일제의 통제가 심해지면서 미국

서북출신 유학생단체인 태극학회의 기관지 「태극학보」 창간호

유학은 쉬운 일이 아니었다. 때문에 그는 미국 유학보다는 상대적으로 통제가 덜한 일본을 택하였다.

과학 분야에 깊은 관심을 가졌던 그는 한국이 근대화를 이룩하기 위해서는 무엇보다 과학의 힘이 필요하다고 생각하였다. 그는 한국보다 선진한 일본에서 과학을 배워, 이 나라의 젊은이들에게 과학적 지식을 불어 넣는 데 밀알이 되고자 했던 것이다.

1905년 초 유학을 떠난 그는 일본의 세이소쿠正則학교 예비과정에 입학하며 영어, 수리를 공부했다. 이 때 일승관이라는 곳에서 한국인 유학생들이 많이 유숙했는데, 장응진과 문일평 등이 함께 지냈던 동지들이다. 도쿄 물리학교에 재학 중이던 장응진은 그의 건너방에 묵으면서, 함께 민족의 앞날을 걱정하며 태극학회 활동을 펼치기도 했다. 세이소쿠학교 예비과정을 마친 그는 장응진과 함께 도쿄 고등사범학교에 입학했다.

그는 도쿄고등사범학교에서 열심히 사범과정을 공부하는 한편 시간이 나는 대로 메이지대학의 청강생이 되어 유명 교수들의 강의를 부지런히 섭렵하며 밤낮을 가리지 않고 학업에만 열중하였다. 어려운 유학생활에다 제대로 먹지도 못하던 그는 영양실조에 과로가 겹치면서 건강을 크게 해치고 말았다. 그의 몸은 폐병이 깊어져 정상이 아니었으나,

안창호와 태극학회 회장 김지간

빠른 시일 내에 학업을 마치려는 일념으로 건강을 돌볼 여유없이 공부에만 전념했다.

스러져가는 국운을 바로잡기 위해 누구보다 열정적이던 그는 유학생 단체인 태극학회를 조직하는 데에도 힘을 쏟았다. 그를 비롯해 태극학회에는 김동원·김영조·정인호·박영노·김현빈·곽룡주 등 주로 서북지방 출신 유학생들이 주도하였으며 1905년 9월 15일에 조직했다. 태극학회가 생겨나기 이전인 1895년에 이미 유학생 단체로 대조선유학생친목회가 결성된 일이 있지만, 태극학회는 유학생의 친목뿐 아니라 민족의 장래를 토로하고 국권회복의 길을 찾고자한 지식인의 모임이었다. 처음에 새롭게 유학 온 후배들에게 기본 과목의 예비학습을 도와주고,

학업에 필요한 일본어를 교육하기 위해 태극학교라는 이름의 일본어강습소를 운영하였다.

이곳 일본어강습소를 중심으로 유학생들이 모이기 시작하자, 서북 출신 유학생 50여 명은 주일한국공사관 참서관 겸 유학생 감독이었던 한치유의 찬동 아래 '동포의 의義를 강講하고 학문의 묘妙를 논'할 목적으로 태극학회를 창립하였다. 그는 자신이 일본에 처음 와서 당혹해 했던 경험을 거울삼아 유학생 상호간의 정보를 나누고 공유하면서 학업에 도움을 줄 수 있는 유학생 단체를 만들어가고자 하였다.

태극학회의 입회자격은 한국유학생이면 가능한 것으로 개방했지만 주로 참여자는 서북지방 출신들이었다. 태극학회가 표면적으로 내세운 학회의 결성 목적은 유학생의 상부상조·학술연마·출판활동에 의한 국민지식 개발이었다. 1906년 당시 회원은 280명 정도였고, 지회 회원까지 합치면 600명이 넘었다. 1908년 6월 말 당시 전체 일본유학생의 40퍼센트 이상이 태극학회 회원이었다고 말할 수 있다.

서북지방 출신 유학생들 중에는 신흥상공업에 종사하여 재산을 일군 이들의 자제들이 많았다. 그리고 어려운 가정 출신들 중에는 영민한 학생들이 국가 장학생으로 선발되어 유학온 경우가 많았다.

태극학회는 도쿄 혼고구 모토마치 2정목에 사무실을 두었고 창립 초기에는 장응진·최석하·김지간·전영작·김진초·이윤주가 평의원을 맡으며 사무원 6명과 회계와 서기 및 사찰원 등의 임원진을 두었다. 이들 중 사찰원은 학업에 태만한 자나 품행이 바르지 못한 자를 충고하고 근면한 자세로 학업에 임하도록 교도하는 임무를 띠고 있었다. 이로 보아 태극학회는 유학생의 자치기구이기도 했음을 알 수 있다.

최광옥은 태극학회 창립이래 총무원으로 임명되어 실제적인 태극학회의 실무를 맡아하면서 안창호가 지도하고 있는 미주의 공립협회와 적극 교류하였다. 그러면서 그는 태극학회 일 외에도 유학생들을 대상으로 기독교 전교 활동에도 헌신하였다. 국내에서 발간되는 『그리스도신문』에 일본 유학생들의 종교 활동을 다음과 같이 소개하였다.

언더우드가 창간한 『그리스도 신문』
개화사상보급과 애국사상 고취에 기여했다.

…… 일본에서 유학하는 자 가운데 예수씨의 이름을 높이는 자 십여 명이 있으매 주일 예배보고 서로 사랑하고 서로 권면하며 … (예수)탄일 오후 일시에 명치학원으로 모여 탄일을 축사하고 믿지 않는 자에게 전도하였는데 그날 사십 명이 하나로 모여 예수씨의 말씀을 반가이 듣고 그 중 네 사람이 일어서서 말하기를 '나는 오늘까지 예수 믿는 사람을 미워하였더니 지금이야 비로소 내가 죄지은 줄 아노이다.' 하며 다른 사람에게도 예수를 믿사고 권면하는 지라 … 이 편지 보시는 형제지매어. 외국에 나아가 있는 자라고 멀리 보시지 마시고 한 가지로 예수씨의 품 안에서 있는 줄 아시고 일본에 있는 유학생을 위하여 기도 많이 하시기를 바라나이다.

알렉산더 목사의 평양부흥집회 광경
기독교 복음은 여성교육의 정신적 바탕이 되었다.

『그리스도신문』은 미국장로교 선교사 언더우드가 발행한 순한글판 신문이다. 1905년에 감리교측의 『그리스도인회보』와 통합하여 주간신문으로 발행되었다. 일본 유학 중에도 그는 국내의 기독교와 유학생사회를 연결시켜 유학생들의 기독교 집회를 인도하였다. 이처럼 열심히 공부하고 기독교 전교활동을 활발히 전개하면서 정작 본인의 건강은 돌보지 못해 폐결핵의 병마를 치유하지 못하였다. 유학생들에게 학업의 열정을 끌어내고 조국에 대한 의무감을 잊지 않도록 독려하며 유학 생활에 한 치도 낭비함이 없도록 동분서주할수록 폐결핵은 악화되어 갔다. 태극학회의 일이 어느 정도 궤도에 오르자 그는 총무원 자리에서 물러나 평의원으로 활동하며 휴식을 갖고자 했으나 사실은 학업을 계속 진행하는 것조차 어려울 지경이었다.

그런 가운데도 그는 1906년 6월 24일 황성기독교청년회YMCA 질레트Philip L. Gillett 총무의 도쿄 방문 환영회를 주관하는 등 유학생 사회의 지도적 역할을 수행하였다. 당시 환영회에는 일본감리교회 해리스M. C. Harris감독 등 기독교계 인사들을 초청한 가운데 유학생 250여 명이 모였다. 이 날의 회의 경과를 그는 『황성신문』에 기고하였다. 그리고 20일 후인 1906년 7월 16일 김홍량·김상은·박영노 등과 함께 귀국길에 오른다.

김홍량

그가 귀국하게 된 이유는 병이 깊어진 까닭도 있으나 자신의 얼마 남지 않은 삶을 구국운동에 바치고자 결심했기 때문이다. 자신들이 경험한 신학문을 대중에게 전파하여 위기에 처한 민족을 각성시키는 일이 시급했다. 시시각각으로 전해지는 고국의 암담한 소식에 한시도 편안한 마음으로 공부에 전념할 수 없었던 그의 심정은 비단 그 뿐만이 아니라 함께 귀국한 김홍량편의 전언에서도 알 수 있다.

최광옥과 함께 귀국길에 오른 김홍량은 황해도 안악군에서 태어나 일찍이 부친을 여의고 조부 김효영 슬하에서 자랐다. 일본에 유학하여 메이지학원을 졸업하고 와세다대학 정치경제학부 예과에서 공부하며 최광옥을 비롯하여 홍명희·최린·조만식·최남선·오순형·김낙영·허헌·

김효영

이인영·장은진·백남훈 등 유학생들과 두루 교류하였다. 그 중 황해도 은율출신의 백남훈은 장연의 광진학교에서 교편을 잡고 있을 때 이웃고을인 안악의 김홍량과 알게 되었으며 김홍량이 그의 유학비를 도와주어 일본에 올 수 있었다.

김홍량의 조부 김효영은 미천한 신분으로 태어났다. 학문에 뜻을 두고 있었지만 가세가 빈한하여 공부할 처지가 되지 못하자 일찍이 상업에 뛰어들었다. 황해도산 포목을 사들여 직접 어깨에 메고 강계와 초산 등지로 팔러 다니면서 억척스럽게 돈을 벌었다. 배고픔이 심할 때는 허리띠를 더욱 졸라매고 절약하여 땅을 매입하였고 황해도에서 제일가는 부자가 되었다. 상업을 천시하며 아무리 빈한해도 토지에 얽매여 가난을 숙명처럼 받아들였던 당시 사람들에 비교하면 그는 깨어난 선구자였다. 정치적으로 소외당하고 지역적·신분적으로 차별받았던 서북지방은 신흥 상공인들에 의해 변화가 주도되면서 19세기로 접어들면서 전국에서 가장 활기 넘치는 지역으로 변모하였다. 상공인들은 완전한 문맹은 아니었다. 서당교육을 통해 어느 정도 지적 능력을 갖고 있었으며 여러 지역을 두루 다니면서 얻어진 경험을 무기삼아 가장 진보적인 인물로 등장하면서 시대를 주도하게 된 것이다.

안악에 초빙되어 양산학교 교사를 지낸 김구는 『백범일지』에서 김홍량의 조부인 김효영을 다음과 같이 묘사하였다.

감리교에서 운영하던 강서매일학교
당시의 민족교회의 모습을 보여준다.

기골이 장대하고 용모가 탈속하나 허리가 굽어 ㄱ자 형체에 지팡이를 의지하고 다니더라. 구식인물이나 두뇌가 명석하여 시세의 관찰력이 당시의 신청년으로도 더불어 의논할 만한 자격을 가진 자가 희소하더라. 그 군내에 안신학교를 신설하고 직원들이 경비 곤란으로 회의를 할 때 투함(모금함)에 '무명씨 정조(벼) 1백석 의연義捐'이 들어왔다. 후일에 김효영 선생이 자기 자손에게도 알림이 없이 암자의투暗自義投한 것을 알았다.

김효영은 부자가 되어 호위호식하는 것에 만족하지 않고 사회 변혁과 구국운동에 일익을 담당하고자 하였다. 그래서 일찍 사망한 아들을 대

메이지학원 재학 당시 백남훈과 일본인 교수

미주 공립협회 창립 주역들
앞줄 왼쪽부터 송석준, 이강, 안창호, 뒷줄 왼쪽부터 임준기, 정재관

신하여 손자 김홍량을 일본으로 유학보내고 새로운 시대를 맞이할 준비를 시켰다.

그러나 김홍량은 공부를 중도에서 포기하고 친구인 최광옥과 함께 서둘러 귀국 길을 택했다. 두 사람은 고국으로 돌아가 수난에 처한 나라를 위해 헌신하기로 굳은 결의를 맺은 것으로 보인다. 누구보다 학문에 뜻을 깊이 두었지만, 기울어가는 국운을 방관할 수 없었던 그들이었다. 이 무렵 최광옥과 김홍량이 관심을 가졌던 것은 해외로 나가 군관학교를 세우는 것이었다.

김홍량의 지원으로 일본에 유학한 백남훈이 전하는 말에 의하면 1906년 1학기를 마치고 방학 때 백남훈을 만난 자리에서, 김홍량은 "노령 방면으로 가서 군관을 양성키 위해 귀국을 결심했다"라고 말하고 귀국하였다고 한다. 최광옥이 김홍량과 함께 귀국하던 무렵은 안창호의 주도로 결성한 재미한인단체인 공립협회가 러시아 연해주 지역의 한인사회를 기반으로 공립협회 지회를 구축하고 국내와 인접한 지역을 선정하여 한인의 새로운 기지로 개척하고자 모색했던 시기와 일치한다.

구국을 위해 귀국하다

최광옥은 1906년 7월경에 귀국하였다. 그가 귀국할 무렵 국내에서는 전국 각처에서 학회가 조직되는 등 계몽운동의 기운이 크게 일어났다. 귀국하자마자 그는 계몽운동 단체의 초청을 받아 서울과 의주·평양 등지를 오가며 활발한 계몽운동을 전개해 나갔다. 그는 병중에 있는 몸이었으나 자신을 필요로 하는 곳이라면 어디든지 마다하지 않고 다녔다. 학자로서 지식인으로서 민족을 위해 자신이 해야 할 의무라고 생각했기 때문이다. 그는 최신 학문인 과학과 수학과목을 통해 논리성과 합리성을 가르치고 역사와 국어과목을 통해 우리 민족의 정체성과 함께 민족의 얼을 잊지 않도록 가르쳤다.

그런 가운데 그는 평북 의주에서 문을 연 양실학교의 학무일을 맡기도 했다. 양실학교는 의주 남문 밖 칠현漆峴에 위치한 평북 최초의 장로교회인 '의주읍 교회'에서 설립한 학교였다. 1899년 의주에는 선교사 휘

트모어Norman C. Whittemore와 장유관, 김창건, 유여대 등이 설립한 일신학교가 있었고 1902년에 서부동에 의신소학교, 그리고 1905년에 여자교육을 위한 양실학원이 각각 설립되었다. 양실학원은 애초 여자교육기관으로 설립되었으나 1906년에 이르러 중등교육기관의 필요성이 대두되어 장유관·김창건·김기창·김관근·백일진 등 기독교인들이 평북중학회라는 후원단체를 조직하고 5백여 원을 모금하여 일신·의신·양실학원을 통합하여 새로 양실학원으로 대폭 확장하였다.

양실학원는 당시 의주읍에 있던 공신 후예들로부터 공신 제사터를 기부받고, 그 밖에 인근 채소밭과 위화도에 있던 토지, 여신도인 고보석이 자신 소유의 집터와 토지들을 기부하면서 학교의 재정적 기초를 마련할 수 있었다. 이렇게 하여 양실학원은 고등소학부 3년, 중학부 4년, 심상소학부 4년의 학제를 갖춘 종합학교로 발전했다. 최광옥은 새로이 발전해 나가는 양실학원의 교과과정의 내용을 세우며 학무운영을 담당하였다. 그러나 부임한 지 얼마 되지 않아 평양으로 돌아왔다. 그의 임무는 학원의 학제에 맞는 교과를 짜주고 운영할 수 있도록 프로그램을 마련해 주는 일이었다.

평양으로 돌아온 것은 역동적으로 변화해 나가는 평양지역에 교육개혁을 주도해 나가기 위해서이다. 그는 평양군민회 교육부 임원을 맡아 신교육운동의 바람을 일으켰다.

과거에 급제해 관료로 진출하는 것을 목표로 삼은 전통적인 교육관에 문제가 있다고 보고 새로운 시대에 맞는 교육관을 어떻게든 심어주고자 고심하였다. 당시 신교육의 중요함을 호소하는 그에게 과거제도가 폐지

된 마당에 관리로 나갈 것도 아닌데 왜 공부해야 하는지 모르겠다고 말하는 젊은이들이 많았다. 그들은 공부의 의미를 깨닫지 못하고 단지 근대화교육이란 서양의 오랑캐 학문을 배우는 것이고 예수쟁이가 되는 길이라고 생각하여 아예 신교육운동을 외면하였다.

교육이란 인간의 가치를 높이고자 하는 과정이며 지식을 가르치고 품성과 체력을 길러 심신을 발육시키는 것이지만 한국의 현실은 순전한 교육목표 이상의 민족의 미래를 담보해 줄 교육목표를 필요로 하였다. 그래서 심사숙고 끝에 그는 1906년 9월 당시 평안남도 관찰사인 이시영을 직접 찾아갔다. 이시영은 후일 온 가족과 함께 서간도 유하현 삼원보에 독립운동기지를 개척하고 신흥무관학교를 설립하였다. 이시영은 대한민국임시정부 재무총장을 역임한 바 있으며 해방 후 부통령을 지냈다. 최광옥은 관찰사 이시영에게 사범교육과 의무교육의 중요성을 강조하고 학제를 개량해서 평양 지역만이라도 실험적으로 의무교육을 실행할 것을 강력히 건의하였다. 관찰사의 힘을 빌려 문맹에서 깨지 못한 상태에 있는 청년들을 계도시킬 교육운동을 대대적으로 펼치고자 했던 그는 기개있게 이시영에게 청원했다.

"선생님의 관官의 힘을 좀 빌려야겠습니다. 구국은 청년의 힘뿐이니, 이 고을에 있는 청년들을 좀 동원시켜 주십시오."
"그야 어려운 일은 아니지. 자네가 하는 일이라면 우리 평양의 젊은 청년들에게 좋은 계도가 될 것으로 믿네."

대동문

　이시영의 주선으로 관에서 교육운동에 나서니 평양 젊은이들이 대동문거리의 연설회장에 구름같이 몰려들었다. 최광옥은 청년들에게 민족이 처한 정황을 설명하고 교육만이 우리 민족을 구원할 수 있다고 호소하였다. 당시의 광경을 그의 자녀들은 6·25전쟁 때 피난지 부산 동래에서 만난 이시영에게 직접 들을 수 있었다. 이시영은 그 때를 이렇게 기억하였다.

　평양 성내는 물론 그 주위 고을의 청년들을 모두 동원시켜 대동문 거리에 집합을 시켰지. 하얀 옷을 입고 벌떼같이 몰려들던 그 모습들이 지금도 눈에 선해. 그 때 확성기가 어디 있어. 그런데도 넓은 대동문 거리가 쩌렁

최광옥이 평양의 젊은이들에게 신교육의 필요를 호소하는 연설회를 열었던 평양 대동문 거리

쩌렁 울리도록 연설을 하니 군중들이 감격의 도가니에 빠져, 울며 환성을 높여 단결의 힘을 과시했지.

최광옥은 자신이 필요하다고 확신하는 일에서, 그리고 자신을 필요로 하는 곳에서 혼신의 힘을 다했으나 정작 자신은 한시도 편히 몸을 쉴 수 없었다. 가족들은 그의 건강이 악화될 것을 근심하였다. 하지만 그는 이제 몸의 병마저도 자신의 일부인양 아랑곳 하지 않았다.

함께 귀국한 김홍량은 그와 가까이서 의론하며 새로운 교육 사업을 전개할 양으로 안악으로 초청하였다. 물 좋고 공기 맑은 안악의 연등사에 거처를 마련하고 여기서 정양할 수 있도록 주선하였다. 연등사는 통일신라 때 창건된 역사 깊은 사찰로, 숲이 우거지고 맑은 물이 흐르는 곳에 위치하여 신병 요양지로서는 그지없이 좋은 곳이었다. 그가 안악에 도착한 것이 1906년 초가을 무렵이었다.

김홍량은 안악 유지들에게 그를 소개하며 최광옥을 중심으로 안악지방에 신교육운동을 펼쳐 나갈 것을 결의하였다. 자신들이 모든 뒷바라지를 할 터이니 신병요양을 하면서 안악에서 교육운동에 주력해 줄 것을 요청하였다. 이 무렵 그의 건강 상태는 몰라보게 호전되는 듯하였다.

당시 안악 지방 유지들은 명망있는 교육계의 인사들을 초빙하고 이 지역의 교육운동이 부흥될 수 있도록 지원하였다. 해주 출신의 김구도 장연의 유지인 오인형의 초청을 받아 1903년에 장연읍 사직동으로 이사하였다. 당시 시가 천여 냥에 달하는 사직동 가옥과 과수원과 20여 두락(마지기)의 전답을 무상으로 제공하고 김구가 교육운동 등 공공사업에만 전력하도록 배려하였다.

장연에서 교육활동을 시작한 김구의 경우를 통해 신흥 유지들이 교육자들을 자기 고장에 초빙하여 교육 활동을 적극 지원해 준 사례를 볼 수 있었다. 오인형은 장연의 부호인 오경승 진사의 장손으로 그는 김구에게 '언제든지 살아가는 동안에는 내 물건과 같이 사용하여 의식주의 근거를 마련하라' 하며 농우農牛1필까지 사주고 집안에서 쓸 물건을 수시로 청구하도록 하였다. 그리고 자기 집 큰 사랑에서 학교를 설립하도록 주선하였다. 이 사랑방학교에는 오진사의 장녀 신애와 아들 기수, 오봉형이 두 아들과 오면형의 자녀와 오순형의 두 딸과 그 밖에 학교 설립에 뜻을 같이 하는 이들의 자녀들이 모여 공부를 시작하였다. 이때만 해도 남녀가 유별하다하며 방 중간을 병풍으로 막아 남녀 자리를 나누고 수

김구가 교사로 재직할 당시 장연 광진학교 교사와 학생들
맨뒷줄 오른쪽이 김구다.

업하였다고 한다.

  오인형의 셋째 동생인 오순형은 극히 너그럽고 후하며 검소한 성품을 가진 자였다. 오인형과 오순형 형제는 모두 최광옥이 장연에서 기독교 전교활동을 할 때 그의 전도받아 기독교인이 된 이들이다. 최광옥이 일본유학 중에 그들은 김구와 함께 기독교전도교와 교육 사업에 뜻을 같이 하며 활동하였다. 이렇게 학교를 시작한 지 채 1년도 되지 않아 오인형의 사랑방 학교는 손색없는 교회와 학교로서 역할을 담당하며 점점 발전되어 갔다. 그 당시 황해도 해주와 장연에 공립학교가 있었지만 해주에서는 여전히 사서삼경의 구학문이나 교수하는 형편이었으며 강사가 칠판 앞에 서서 산술, 역사, 지지地誌등을 가르치는 곳은 오직 장연 공

립학교뿐이었다.

　그러나 황해도 지역만이 아니라 전국적으로 관·공립학교에 의존해서는 제대로 교육이 이루어질 수 없었다. 사립학교의 수준도 교사조차 확보되지 않는 불안정한 학교가 대부분이었다. 그런 점에서 제대로 된 학교를 유지하기 위해서는 학교 설립만이 중요한 것이 아니라 교육을 담당할 교사양성이 시급하였다. 도처에서 신교육을 위한 학교 설립운동이 번져나가면서 안악지방에서는 김홍량과 최재원 등 청년들이 읍내에 안신학교와 양산학교를 설립하였다.

　황해도 안악을 중심으로 전개된 교육운동은 최광옥이 이 곳에 오게 되면서 큰 발전의 계기를 마련하였다. 신병치료차 안악에 왔으나 그가 안악에 온 소식을 듣고 매일같이 사람들이 찾아왔다. 이들은 함께 국내외에 어지러운 정세에 관해 의견을 나누고 우리 민족의 진로와 현 시국 타개방안에 대해 밤새 토론하였다. 최광옥은 우리 민족에게 닥친 심각한 현실을 이렇게 설파했다.

　일본은 지금 외국인들에게 한국을 악선전하고 있습니다. 외국인들이 한국을 찾아오면 그들은 가장 불결하고 못사는 곳만을 안내하면서 한국의 후진성을 입증하려 혈안이 되어 있습니다. 또한 한국은 자립능력이 없다고 선전하며 한국에 대한 침략정책을 감추고 있습니다. 그리고 우리의 경찰권을 탈취하려고 한국경찰은 치안확보 능력이 없나느니 위생 감독 지식이 전혀 없다느니 떠들고 있습니다. 이렇게 당하고만 있을 수 없습니다. 우리 청년들이 적당한 단체를 조직하여 민지를 계발하고 아울러 자진

실천하는 능력을 시급히 키워가야 합니다. 우리의 자력으로 우리의 국사를 해결할 수 있다는 것을 보여 준다면 일본인들은 제멋대로 떠들지 못할 것이고 자연히 물러나게 될 것입니다.

그의 말에 큰 감명을 받은 황해도의 유력인사들이 우선 청년들의 개발과 교양을 목적으로 교육단체 설립을 결의하였다. 그러나 안악의 인사들은 조직 결성에 아무런 경험을 갖고 있지 않아 처음에는 우왕자왕 하기만 하고 단체결성은 차일피일 미루어졌다. 이 사이 최광옥은 안악을 떠나 은율의 정곡사로 거쳐를 옮겼다. 그러나 그 사실을 모르고 최명식과 김용제는 연등사로 최광옥을 찾아갔다가 한동안 그의 건강은 호전되는 듯 하였고 건강에 차도를 보이자, 그는 9월 경에 다시 평양으로 이주했다. 평양에서도 수시로 서울을 다니면서 연동의 경신학교에서도 교사로 시무했으며 기독교 전교활동에도 게을리 하지 않았다.

겨울이 다가오자 안악의 인사들을 다시 최광옥을 정중히 초빙하였다. 그가 안악으로 가려면 평양에서 사리원까지 기차를 타고 가야 했다. 사리원에서 안악까지는 당시 교통편이 없었으므로 백리나 되는 먼 길을 말을 타고 가거나 걸어야 했다. 당시 최광옥은 한결같이 한복 두루마기 차림에 갓을 쓴 차림으로 다녔다. 청년시절 단발을 하여 집안에서 쫓겨나기도 했던 그는 일본 유학에서 돌아온 후에는 언제나 두루마기에 갓을 쓰고 한복만을 고집했다.

교육과 계몽의 길,
안악면학회를 조직하다

최광옥이 요양을 위해 처음 발을 내디딘 안악은 황해도 북부에 위치한 곳이다. 안악의 지세는 구월산의 여맥과 재령강과 그 지류들로 형성되었다. 동쪽은 재령강을 경계로 황주군·봉산군·재령군을 접하고 있고 서쪽으로 은율군, 남쪽으로 신천군, 그리고 북쪽은 대동강 하류를 경계로 평안남도 용강군과 진남포시와 접하고 있다. 하천유역은 퇴적으로 인하여 넓고 비옥한 평야를 이루고 있고 북부의 해안은 갯벌이 넓어 간석지로 개발되었다. 따라서 농경지가 넓고 비옥하여 논농사와 밭농사가 모두 활발했으며 특히 벼와 목화재배를 중심으로 한 농업이 크게 발달하였다. 또한 신흥 유지들에 의한 간척 사업도 활발하게 진행되었다.

    1884년 봄에 안악 고을의 향리 무리들이 각종 세금을 불법으로 거둬들이자 이에 격분한 안악의 인민들이 관청에 돌입하여 읍내에 있는 향리의 집을 파괴하는 농민난이 발생한 적이 있었다. 그 후 농민들 중에는 새로운 개혁 종교인 동학에 가담하는 이들이 많아 1894년 안악은 동학 군들이 웅거하며 폐정개혁을 주장하는 혁명적 기운이 넘치는 곳이었다.

이 지역은 전통적 양반 세력이 굳건하지도 않았고 신분적 전통도 그다지 강하지 않았다. 따라서 일찍이 천주교와 개신교가 별다른 저항감 없이 전파되었고 이를 통해 안악의 주민들은 신문명을 적극적으로 수용하였다. 특히 김효영과 같은 안악의 신흥상공층은 근대 교육문화운동에 정신적 지지와 경제적 지원을 베풀어 교육운동이 지역 전체로 번져나가게 하는 원동력이 되었다.

훗날 일제는 1910년 11월에 이 일대에서 일어나는 민족운동과 신문화운동의 기운을 꺾어버리고자 안악에서 활동 중인 애국지사들을 대거 검거하였다. 이른바 '안악사건'으로 알려진 일제가 조작한 '데라우치 마사타케 총독 암살미수 사건'은 이러한 배경에서 일어나게 된 것이다. 이러한 분위기의 안악이었기에 최광옥을 초빙하여 그와 함께 고난에 빠져 민족 현실의 타개책을 논하고 겨레의 나아갈 길을 논했던 것이다.

논의에만 그치지 않고 교육실천운동에 불을 댕기었다. 처음 안악을 방문했을 때는 구심체가 없는 듯 결집되지 않았으나 다시 찾은 안악은 머뭇거림없이 하나가 되어 있었다. 불같이 일어나는 교육 열기를 지켜보면서 이곳 안악이 한국 신교육운동의 메카로 성장할 수 있다는 가능성을 엿보았던 것이다. 이런 상황에서 최광옥은 일신을 위한 정양만 할 수 없었으며 안악 사람들과 하나가 되어 열정적으로 교육 사업을 추진해 나갔다. 일본유학 시절 태극학회를 설립하여 가장 유력한 유학생 단체로 키워나갔을 때처럼 그는 몸에 덥친 병마를 정열로써 잠재웠다.

안악에 오기 이전에 그는 1904년 평양 장대현교회에서 열린 부흥사 경회를 마치고 김구와 오순형의 요청을 받아 장연에서 기독교 전도를 하면서 황해도와 처음 인연을 맺은 적이 있었다. 고향인 중화에서보다 더 큰 환영을 받은 그는 안악군의 김용제, 김용진, 김홍량과 김효영, 이시복, 이상진, 최재원, 장윤근, 김종원, 최명식, 김형종, 김기형, 표치정, 장명선, 차승용, 한필호, 염도선, 전승근, 함덕희, 장응선, 원인상, 원정부, 송영서, 송종서, 김용승, 김용필, 한응조, 이인배, 최용화, 박남병, 박도병, 송한익 등의 인물들과 한마음 한뜻으로 신문화교육운동에 투신하였다. 이들은 모두 나름대로 신교육에 참여하고 있었지만 한 단계 위로 발전해 나갈 방법을 찾지 못하고 있었다. 최광옥이 안악에 오게 되면서 새로운 아이디어를 쏟아 내고 그 실천방향까지도 제시하며 신교육운동의 구심점으로 나서게 되면서 안악은 새로운 전기를 맞이하게 되었다.

최광옥은 학교 중심으로 교육할 경우 지역적인 범주를 벗어나지 못하고 교육 효과도 그다지 크게 전파될 수 없으니 새로운 교육단체를 결성하여 교사를 양성하는 사범강습을 실시하자고 제안했다. 이리하여 1906년 12월 안악 지방을 중심으로 교육구국과 민족계몽을 위한 조직으로서 '안악면학회'가 결성된 것이다.

이때의 정황을 김구는 『백범일지』에서는 이렇게 적고 있다.

황해·평인 양도의 교육계로나 학생계에서 평양의 최광옥이 세일 신망을 가진 청년이므로 최광옥선생을 연빙하여 양산학교에서 하기 사범 강습을 개설하였다.

안악면학회는 김용제·최명식·임택권·김홍량·정명재·송종호·차승용·양성진·장윤근·김용규 등 유지인사들이 참여했다. 이들은 기금을 갹출하였을 뿐 아니라 짧은 시일 안에 70여 명의 회원을 가입시켰다. 안악면학회의 목적은 국권회복운동의 장기전으로 신교육과 민지계발民智啓發로 청소년들을 계몽하여 민족자립사상을 고취하고, 많은 학교를 세우고 교사들을 양성하며, 농사기술을 개량하고 공업을 장려하여 산업진흥을 도모하는 것에 두었다.

안악면학회를 조직한 후 최광옥은 다시 평양으로 돌아와 평양군민회 일을 도와주면서 1907년 1월부터 서우학회와 합동으로 평양에 사범강습소 설치운동에 착수했다. 서우학회는 서북지방의 계몽학회로 1906년 10월에 조직되었다. 그도 서우학회에 신입회원으로 가입하여 교육진흥운동을 담당하였다. 최광옥은 서우학회의 교육진흥운동을 평양군민 차원에서 전개하고자 하였다.

1907년 2월에 평양 유지들과 함께 평양군민회를 설립하고 조직 산하에 교육부를 두도록 하였다. 그는 정재명과 함께 교육부 임원으로 임명되어 평양에도 교육운동을 확산시켜 나갔다. 평양군민회와 서우학회 합동으로 '교육규정'을 제정하고 평안남도 평양군의 인허를 받아 이를 평양성내에 반포했다. 그리고 당시 군수인 백낙균과 교섭하여 평양성내 3부와 내천방에 각각 학무위원을 선정하고 각 면에 학무총대 1인씩을 선발하여 각리에 소재한 사숙에 파견하여 일일이 교육상황을 조사하도록 하였다. 평양군은 다른 군에 비하여 선진한 곳이었음에도 불구하고 교육상황을 조사한 결과 절대적으로 교사가 부족한 실정이었다. 더우기

신학문을 가르칠 교사가 없어 여전히 구식 서당교육이 향해지고 있는 곳도 적지 않았다.

최광옥은 평양 상업회의소를 임시로 빌려 평양군 사범강습소를 설치하고 각리에서 뛰어난 인재를 모집하여 사범교육을 시작했다. 당시 서우학회를 비롯한 교육 관련 인사들은 근대교육의 열기를 빠른 시일내에 확산시키기 위해서 가장 먼저 힘써야 할 일이 교육을 담당할 교원을 양성하는 일이었다. 최광옥은 평양군내를 순회하면서 젊은이들과 사숙의 훈장들에게 사범교육 강습에 참여해 줄 것을 호소했다.

1907년 3월 11일에 열린 평양군 사범강습소 개소식에는 이미 국내로 입국해 들어온 안창호도 참석했다. 최광옥은 식장에서 축사를 통해 강습소 설립의 취지를 설명하였다. 사범강습소 개교식을 취재한 『대한매일신보』는 다음과 같이 보도했다.

> 학문 대가 최광옥씨가 축사를 낭독함에 감사의 뜻이 간절하여 여러 학생의 골수에 관철하는지라, 당일 입학한 사범학생이 60여 명에 달한지라. 장래 국가독립의 효시가 될 것은 반드시 우리 서북이 증명할 것이로다.

당시 최광옥이 발표한 축사의 내용은 전해지지 않아 알 수 없으나 최광옥은 평양을 의무교육의 요람지로 발전시켜 나가고자 교사양성의 첫 준비에 나선 것이다. 『황성신문』에서는 90명이 보인 것으로 보도했다. 당시 교육과정의 정원은 60명인데, 지원한 학생은 90명이었던 것으로 보인다. 어쨌든 3개월의 사범교육과정을 맡을 교사로는 최광옥과 김응

신민회의 기관지 역할을 한 『대한매일신보』 편집실 모습

서우학회 기관지 『서우』 창간호와 서북학회 기관지 『서북학회월보』 창간호

군대해산 후 시위대 병영을 장악한 일본군

도가 임명되었다. 이 외에 군수 백난균도 강습소의 강사로 임명되었고, 위원으로 정재명·노승식·박봉보·김호연 등이 선정되었다. 평양 사범강습소의 입학자격은 25세 이상 40세 이하의 품행이 단정한 자로 하였고 교과목으로는 산술·지지·역사·법률·물리·영어·일어·작문 등을 설치했다. 초기에는 재정이 모자라 사범속성야학으로 운영하기도 했으나 점차 3개월간의 교육과정으로 운영되었다.

1907년 6월 12일에 개최된 졸업식에는 3개월의 교육과정을 마치고 최종 시험을 통과한 60명이 졸업했다. 당시 우등생들에게는 백낙균 평양군수가 상품을 수여했고 내외의 관헌과 각 사회 인사들이 대거 참여한 가운데 큰 성황을 이루었다. 또한 백낙균 군수는 교육위원들과 협의하여 각리의 유지들은 학무위원으로 선정하여 학교를 설립토록 독려하

의병진압에 나선 자위단

고 사범강습소 졸업생들을 즉각 교사로 초빙하도록 조치하였다. 그리고 학무회를 만들어 각 학교를 관할하여 통일적으로 지도하도록 했다.

이때 학무회 회장은 박숭전, 부회장 홍영환, 총무원 정재명, 사무원 장수철, 회계원 김윤화·박봉보, 서기원 안태국·김유택이 임명되었다. 곧이어 평양군수와 각 면리의 학무위원과 면장과 동장 등이 함께 모여 연일 숙의한 결과 82개 처에 학교가 설립될 수 있었고 학교경영자는 70여 명에 이르게 되었다.

각리에서 사숙을 운영하며 직접 가르치던 훈장들에게도 신학문을 지도할 수 있도록 훈련시킨 후 매월 초하루에 한 번씩 교사 자격시험을 치르게 하였다. 5회에 걸쳐 진행된 이 시험에서 26명이 신교육 담당 교사로 선발되어 신설 학교에 배치하였다.

이 무렵 일제는 일본군 및 헌병의 무력을 배경으로 한국의 주권을 박탈하고 경제적 이권을 약탈해갔다. 광무황제는 1907년 6월 네덜란드 헤이그에서 개최되는 제2회 만국평화회의에 특사를 파견하여 일본의 침략행위를 국제여론에 호소하려 했지만 일제는 이를 구실로 광무황제를 강제 퇴위시켰다.

1907년 7월에 한일신협약을 강제하고 한국인 저항을 원천적으로 봉쇄해 버리고자 8월 1일 한국군대를 해산해버렸다. 해산군인들 중에는

서우학교 창립대표이며 대한제국 군인 출신 이갑
러시아로 망명하여 페테르스부르그를 중심으로 구국외교활동을 전개했다.

의병에 가담하여 무장투쟁에 나선 이들도 있으나 낙향하여 계몽운동에 참여한 이들도 많았다. 대한제국 군인으로서 신민회에 가담한 이갑과 노백린·유동열 등은 교육계몽운동을 구국운동으로 승화시켰다.

평양 사범강습소도 1907년 11월부터는 서우학회가 운영하는 정식 사범학교인 서우학교로 발전했다. 또한 입학자격도 25세 이상에서 18세 이상으로 규정하여 많은 젊은이들이 교원으로 나갈 수 있었다. 서우학교의 교과목은 외국어·교육학·생리학·역사·지지·물리·화학·수학·한문·도화圖畵·박물·식물·동물·광물·성학星學·창가·체조 등으로, 전문적 분야로 폭을 넓혀 나갔다.

대한협회 제1주년 기념

서북학회에서 운영한 서북협성학교 안에 설치된 농림과·부기과 졸업식 광경(1910년 3월)

서우학교 창립 당시 대표는 해산군인 출신인 이갑이었으며, 설립 초기의 교장은 박은식, 교감은 김달하, 교사는 주시경 등 5명이었다. 정식으로 개교한 뒤 교장은 강장석, 교감은 이기동, 부교감은 이달원 등이었고 교사도 9명으로 늘어났다. 교직원들은 모두 서우학회 회원이었다. 서우학교도 민족에 대한 책임 의식을 갖춘 교원을 양성하는데 주력했다.

서우학회는 함경도 출신 인사들에 의해 조직된 한북흥학회와 1908년 1월에 통합하여 '서북학회'로 재편하였다. 한북흥학회는 교사양성을 목표로 한북의숙을 설립·운영한 바 있는데, 서북학회로 통합되면서 서우학교와 한북의숙도 서북협성학교로 통합되었다. 이 때 종전의 서우학교는 서북협성학교의 1년제 사범속성과로 개편되었다.

면학서포를 세우고
교과서를 편찬하다

1907년에 들어와 교육진흥과 식산흥업, 국민의 애국심 고취와 실력양성 등을 슬로건으로 내걸은 애국계몽운동은 널리 확산되어갔다. 계몽운동의 광범위한 전파의 배경에는 정치·사회단체와 학회가 조직되고, 사립학교들이 전국적으로 설립되었으며 또한 국한문 혼용과 국문전용의 신문과 잡지 및 출판물에 의한 국민계몽운동이 활발하게 전개되었기 때문이다. 이들 대중 매체의 등장은 기독교계의 한글 성경 번역과 한글 보급운동과 함께 빠른 속도로 여론 형성과 대중의 의식화에 기여했다.

한국에서 출판 활동은 이미 1880년대에 시작되었다. 정부에서는 박문국을 설치하였고 광인사라는 민간인쇄소에서는 연활자鉛活字에 의한 출판이 이루어졌다. 한편 천주교회와 개신교회가 성경과 교리서·전교지의 출판을 위해 인쇄소를 운영했다. 1900년대에 들어와서는 인쇄소를 갖춘 출판사인 광문사가 설립되어 『목민심서牧民心書』와 『흠흠신서欽欽

新書』등 국학관련 서적들을 간행했다.

　1905년에 설립된 박문사에서는 일반 도서들을 출판했다. 그리고 사립학교가 늘어남에 따라 교재 출간도 활발해지면서 출판사도 크게 늘어났다. 이 시기의 출판사와 인쇄소가 거의 100개에 달했으며 상당수의 출판사는 판매소(서점)를 겸하기도 했다. 출판사에서 출간한 서적들은 대부분이 교과서류로, 산술·한문·일어·영어·농업·한국역사·외국역사·한국지리·외국지리·위생·박물·상업·법률 등 과목의 교과서가 주로 출판되었다. 당시 일반에는 일제의 국권침탈이 노골화되면서 자국역사와 외국역사에 대한 관심이 크게 고조되면서 많은 한국사와 외국사 관련 역사서들이 저술되거나 번역되어 시중에 발간되었다.

　출판물의 증가로 신문화의 수용과 발전은 급속히 전파되었지만 근대 교육을 담당할 교사는 여전히 부족했고 각 학교에서 사용할 교과서도 턱없이 부족했다.

　외국사는 주로 일본어나 중국어를 중역重譯한 각국의 망국사·독립사·개혁사 등이 출판되었다. 외국 역사는 일반 민중에게 당시 한국의 현실을 비교 이해시키고 애국심을 고취하는데 더없이 좋은 자료였다. 『월남망국사』의 경우를 보면, 양개초梁超의 편집으로 이루어진 원본과 현채의 국한문 번역본, 그리고 주시경과 이상익의 국문번역본 2종이 나와 있어 지식인들뿐 아니라 일반대중과 부녀자·학생들에까지도 널리 읽혔다. 외세의 침략에 맞서 두쟁한 국외의 사정과 경험을 공유하고 또한 이민족의 침략으로부터 국가를 수호한 영웅들의 행적을 쫓아가다보면 읽는 이들은 가슴이 뛰었고 저절로 애국심을 품게 해주었으니 국민계몽 교재로 더없이 적절했다.

이 밖에 자연과학이나 사회과학 등 근대학문을 소개한 서적들과 국학 고전의 간행은 신지식의 보급과 함께 자국 문화에 대한 자부심을 갖도록 유도하여 젊은 청년들의 애국심을 자극했다.

평양지역에서 사범강습소의 불길을 일으키고 다시 안악으로 돌아온 최광옥은 안악면학회에서 새로운 교육의 가능성을 열어보고자 평양에서의 소중한 경험을 바탕으로 새로운 사업기획을 하였다. 김용제과 최명식 등 여러 인사들과 학생들에게 공급할 적절한 교재를 직접 출판하기로 한 것이었다.

최광옥은 사범교육과 중등교육에 필요한 교재 발간을 위해 안악면학회 인사들에게 출판 서점을 직접 운영할 것을 제안했다. 이 제안을 기꺼이 받아들인 안악의 유지들은 김용제가 100원, 최명식이 50원, 그리고 여타 회원들이 10원·20원씩 갹출하고 입회금과 월례금 등을 합하여 총 300원의 기금을 마련했다. 그리고 드디어 1907년 봄에 면학서포를 열었다.

면학서포는 신민회가 운영한 평양의 태극서관과 미주 신한민보사에서 운영한 북미소년서회와 같은 조직으로서 교과서와 참고서를 저술·출판하고 보급하는 사업을 시작했다.

그는 필요한 교재를 직접 발간하고 오늘날의 서점인 서포를 운영함으로써 기본적인 운영비를 자체적으로 마련하는 구상을 현실화하였다. 그리하여 그간 자신이 국어교육을 지도하면서 교재로 써온 것을 다시 정리, 집필하여 1907년 11월에 『교육학敎育學』과, 1908년 1월에 『대한문전大韓文典』을 각각 간행하였다.

『교육학』은 그의 직접 지은 저서가 아니고 일본 유학 중 읽었던 교육학 책 중에서 사범교육에 저본으로 이용하다가 역술하여 발간한 것으로 보인다. 그러나 원저자를 밝히지 않고 있어 원본과의 비교가 불가능했다. 이 책은 서울 보성사에서 인쇄했고 서울의 광학서포와 평양의 야소교서원, 그리고 안악의 면학서회 등지에서 판매했다. 『교육학』의 서문은 서우학회에서 함께 활동 중인 박은식에게 부탁하니 박은식은 다음과 같은 서문을 지어 주었다.

『교육학』 서문을 쓴 박은식
서우학회 초대 회장을 역임하였다.

교육학이란 무엇인가. 사범의 학이다. 어찌하여 사범의 학이라 하는가. 교육자에 바탕이 되기 때문이다. 진실로 사범의 학이 족히 교육에 바탕이 되지 못한다면 비록 공사학숙이 많이 설립되고 나라안의 자제들이 모두 취학한다 해도 족히 인재를 파괴하고 민지를 막을 뿐이니 어찌 교육의 실효가 있으리요. 이런 까닭에 세상의 시의를 알고, 시무를 말하는 자로 교육을 말하지 않음이 없지만 교육은 사범을 양성하는 것이 가장 급히 힘쓸 일이다…… 최광옥이 일찍 큰 뜻을 품고 바다를 건너 유학한 것이 몇 년인데 마침 질병으로 집에 돌아와 휴양을 하였다. 그런데도 동포를 교육하겠다는 뜻이 기갈보다 심하여 이에 동지 약간과 더불어 평양에 사범강습

박은식이 쓴 「교육학」 서문

소를 세우고 각 학숙에 교수의 교재를 공급하고 또 해서의 안악군에 사범 강습소를 설치하니 그 부지런함을 눈으로 보았다. 다시 교육학의 요점으로 사범에 긴요한 것을 모아서 엮어 한 책을 만들어 세상에 인간印刊하여 (사범) 강습의 지남指南으로 이용하니 그 뜻이 더욱 근실하다. 아! 우리 최군의 뜻으로 하여금 세상에 펼쳐지게 할 수만 있다면 청년사회에 좋은 은혜가 됨이 어찌 여기에 그치리오. 그러나 이것을 읽는 사람은 교육의 문경門徑에 가까울 것이지만 능히 작자의 마음을 알아 문자의 외에까지 알 수 있는 사람이 그 몇이나 될 것인가?

- 융희원년 10월 7일 밀양 박은식서

박은식의 서문에서 알 수 있듯이 최광옥은 평양 사범강습소 시절부터 사범교재를 만들어 교육현장에 공급하기도 했으며 안악면학회 사범강습소에서 인쇄본 교재를 펴내게 된 것이다.

한편 그는 여러 학교에서 국어를 가르치면서 국어 문법의 정리에 가장 관심을 두었다. 사범강습소 개설과 함께 교육학교재를 펴내면서 문법에 대한 국어 교재편찬에도 착수했다. 그간의 강의노트를 참고하여 국어문법을 정리해 사범교육에 쓸 수 있는 교재를 만들기로 결심한 것이다.

끝없는 국어 사랑으로 대한문전을 펴내다

최광옥의 국어 사랑과 국문법에 대한 관심은 독립협회 시절로 거슬러 올라간다. 언어와 문자가 분리되는 현상을 극복하고 국어 언문일치를 이룰 수 있었음은 당시 순한글판 『독립신문』의 발행이 큰 영향을 끼쳤다고 할 수 있다. 『독립신문』 국문판의 국문담당 조필助筆일을 전담한 주시경은 한글 연구와 문법 정리에 획기적인 전기를 마련해준 인물로 그에게도 큰 영향을 끼쳤다.

1896년 5월 주시경이 중심이 되어 독립신문사안에 우리나라 최초의 국문법 연구단체인 국문동식회가 출범했다. 독립협회는 언문으로 천시받던 한글을 나라의 문자로 선언하고 본격적인 한글연구와 한글전용운동을 전개했다. 이것은 민족문화의 정체성을 확립하는 상징적 의미와 함께 국민의 의식화 교육이 가능해짐으로써 대중운동 확산을 가능하도록 하는 기반을 마련해 주었다.

『독립신문』 국문판을 제작한다고 결정을 내렸지만 당시 한글 연구가 미진한 상태에서 일관성있는 문법체계를 유지하며 기사를 작성하는 일이 쉽지 않았다. 국문동식회는 '국문법의 동일한 방식' 즉 동식(同式)을 연구 제정하여 일관성 있는 문법체계에 의해 신문을 간행하고 이를 통해 국문을 정리하고자 한 노력의 출발이었다.

주시경
상동청년학원에서 국어강습소를 열어 한글 교육과 보급에 힘썼다.

국문동식회는 1896년 4월 7일 『독립신문』이 창간된 이후 1899년 12월 4일 폐간될 때까지 3년 8개월 동안 국문 전용, 국문 띄어쓰기, 쉬운 국어쓰기를 단행하여 당시 국민의 계몽과, 민족 언어와 문자의 발전과, 민족문화 발전에 지대한 공헌을 했다. 국문동식회에서의 연구와 토론의 성과는 한국 최초의 근대적 국문법 연구서인 1898년에 발행된 『국어문법』에 정리되었다.

주시경은 『독립신문』 1897년 4월 22일자와 24일자 논설인 국문론에서 한글의 우수성을 표현하며 "조선글자가 세계에서 제일 좋고 학문이 있는 글자이며 우리를 위하여 사업하신 큰 성인께서 만드신 글자는 배우기가 쉽고 쓰기도 쉬우니 이 글자들로 모든 일을 기록하고 사람마다 젊었을 때에 여가를 얻어 실상 사업에 유익한 학문을 익혀 각기 힘민힌 직업을 지켜서 우리나라 독립에 기둥과 주초가 되어…… 우리의 부강한 위엄과 문명한 명예가 세계에 빛나게 하는 것이 마땅하도다"라고 논하

민족운동의 요람지가 된 상동교회

였다. 최광옥은 주시경·지석영·신해영 등과 함께 국문연구를 시작하면서 국문법에 대한 정리를 나름대로 진행해 나갔다. 우리말과 글을 사랑하고 발전시키는 국문운동을 강화하는 자체가 애국운동이며 국어가 우리 독립의 기둥이 되고 주춧돌이 된다는 것을 그는 잘 알고 있었다.

국문신문의 발간은 그간 문자가 일부 엘리트층에 의해 독점되어온 전례를 깨고 일반 대중과 부녀자들과 이외 각계각층에 근대의식을 확산하는데 영향을 주었고 언문일치로 나가는데 크게 공헌하였다. 이것은 구한말 한국 민중의 의식화 흐름에 중대한 영향을 미쳤다. 민중 교육에 큰 관심을 갖고 있었던 그에게 국어문제는 큰 관심거리 중에 하나였다.

주시경에 의해 주도된 국문강습회에는 학생들이 구름 떼처럼 몰려들었다. 상동청년학원에서 국어를 가르치고 1907년에 상동청년학원 내에 개설된 하기국어강습소의 국문강습은 국어보급과 함께 이규영·최현배·권덕규·김두봉·정열모 등의 대표적 국어 학자를 배출하였다. 이들은 모두 민족의 흥망과 언어·문자의 성쇠는 직접적인 상관관계를 가지고 있다고 보았기에 민족독립의 유지와 발전을 위해서는 국어와 국문을 닦고 갈아야 한다고 믿었다. 이것이 민족문화보존운동으로 발전해 나가고 한국문화의 정체성을 지켜주게 되었던 것이다.

최광옥도 상동교회·보성학교 등에서 개최된 주시경의 국어강습회에 참여하고, 경신학교·의명학교·기독교청년학원 등에서 국어를 가르치면서 국어문법을 연구·정리할 필요를 강하게 느꼈을 것이다. 그가 안악면학회의 교과서로 『대한문전』을 간행할 수 있었음은 독립협회 시절의 국문연구의 결과라고 본다.

개화기의 국문연구는 오히려 외국인 외교관이나 선교사들에 의하여 비롯되었다. 그들은 기독교의 빠른 전파를 위해 성경의 한글 번역을 시도했다. 기독교의 선교정책 중에는 "모든 문서는 한글로써 쓴다"고 하는 한글 전용정책이 나온다. 그것은 성경을 통해 민중에게 쉽게 다가가고자 했기 때문이다. 그래서 일찍이 1897년에 발간된 『조선그리스도인회보』와 『그리스도 신문』이 한글로 발간되었다. 기독교계의 한글 전용정책으로 인해 부녀자들까지 쉽게 성경을 읽을 수 있었고 문맹자들에게

구한말 남대문 거리
멀리 명동성당과 상동교회가 보인다.

는 국문을 가르쳐 한글 해독 인구는 기독교 전파와 함께 급격히 증가하였다.

일제의 국권 침탈이 진행되면서 국권유지와 애국심의 고취가 국어에 대한 확고한 신념으로 자리 잡게 되었고 그 과정에서 국어에 대한 과학적 연구가 진행되었다. 그것은 최광옥이 숭실중학교에서 조선어문법을 배우고 조교로서 하급생을 지도했을 때 조선어 문법을 가르쳤을 것으로 생각된다. 이때의 경험에서 국문법을 과학적으로 정리하고자 하는 욕구를 느꼈을 것이다. 그는 우리말과 글이 한국민의 정체성을 지켜주고 의식화시켜 줄 것을 믿었다.

성경의 한글번역과 문법정리에 힘쓴 선교사들

　이렇게 하여 『대한문전』의 집필이 시작되었다. 『대한문전』의 집필을 끝낸 후 최광옥은 YMCA에서 함께 활동하고 있던 이상재에게 서문을 부탁하였다.

　이상재 선생, 우리의 문자를 우리가 쓰고, 우리말을 우리가 쓰는 것은 너무도 당연한 일이지요. 그러나 이사람 저사람 원칙없이 사용하다보면 우리말과 문자는 발전해 나갈 수 없습니다. 주시경 선생과도 여러 차례 토론해 보았지만 그 어떤 애국운동 보다도 우리의 글과 말을 가꾸고 다듬는 일이 우리 민족에서 확실한 민족의 정체성을 심어주는 일이리고 생각됩니다. 선생께서 저의 충심을 헤아려 이번 교재에 서문을 써주셨으면 합니다.

『대한문전』 서문을 쓴 이상재

이상재는 『대한문전』의 서문을 써주었을 뿐만 아니라 교열을 보아주기도 했다. 이상재는 서문에서 최광옥을 '나의 벗'이라 칭하며 친근감을 표했다. 일찍이 독립협회 때부터 친분을 쌓았고 일본에서 귀국해서 한 때 YMCA에서 운영하는 청년회학관의 교사로서 함께 교육을 담당했으며 종교부의 간사로 활동하면서부터 더욱 가까워진 것으로 보인다. 국한문혼용체로 작성된 서문에서 이상재는 다음과 같이 『대한문전』을 소개하고 있다.

> 태서문명의 나라가 각기 자국의 문장 언어에 모범이 있어 국민으로 하여금 나아갈 방향에 그 마음을 단합하는 것이 진실로 까닭이 있음이라. 우리 한국민이 마음을 단합하지 못하는 것은 문장 언어가 각기 다르기 때문이다. 나의 벗 최광옥군이 이를 걱정하여 태서의 예를 따라 비로소 한 책을 지어 이름하여 『대한문전』이라 하고 나에게 한번 보도록 부탁하니 언어론과 문장론 두 편이다. 본문은 국문으로 덧붙인 말은 한자로 하여 그것을 보는 이로 하여금 조리(條理)가 자세하고 분명하고 마음의 문을 활짝 열어서 이것으로써 이 국민들을 가르치고 이끈다면 언어와 문장이 갈라져 둘이 되지 않아서 그 방만한 것을 거두고 흩어진 것을 합하여 대중의 마음을 하나로 단결할 그 날이 반드시 있을 것이다. 그런 즉 이 책의 공로

가 어찌 여기에 그칠 뿐이겠는가?

하나님께서 내려주신 은혜가 장차 우리 대한에 크게 드러날 터이니 내가 여기에 느낌이 있어 거칠고 보잘 것 없음에도 불구하고 대략 몇 마디를 말하노라

— 1908년 1월 월남 이상재 서

이상재는 서문에서 국가가 위기에 처함에 있어서 문장 언어가 일치하지 못하여 국민의 단합을 방해하고 있음을 지적했다. 언어 문장을 하나로 정리한다면 대중의 마음을 하나로 단결할 날이 반드시 올 날이 있으리라 예언했다. 그는 한국민이 단결하지 못하고 국권을 상실하기에 이른 것을 통탄하고 언어와 문장을 일치하여 국권을 회복하자고 하는 메시지를 서문에 담았다.

『대한문전』 제1편 「언어론」에서 최광옥은 국어를 가리키며 다음과 같이 말했다.

세계 각국에 각기 다른 언어가 있으니 이를 그 나라의 국어라 칭하는 지라. 가령 영국의 언어는 영국국어요 독일어는 독일이 국어이니 이와 같이 우리나라 언어는 우리나라의 국어라. 국어가 국민으로 관계됨이 매우 크니, 만약 국어가 일정치 못하면 국민의 단합심이 결핍하고 국어가 자유롭지 못하면 국민의 자유성을 손실하니니 중국과 러시아 등 나라에 비추어 감계鑑戒를 삼을 지어다

이상재와 YMCA지도자들

　『대한문전』은 안악면학회 명의로 인쇄·출판되어 서울의 중앙서관과 평양의 태극서관, 광학서포 등 각 서점에서 판매되었다. 그리고 광학서포에서 발간된 책들과 교환하였고 평양의 태극서관과 보성중학교에 비치된 서적들과도 교환하여 면학서포에서는 수천 권의 책을 확보할 수 있었으며 면학서포의 자랑이 되었다. 면학서포에서 발간한 책의 판매대금은 주로 안악면학회가 필요로 하는 서적구입과 면학회 운영자금으로 충당되었다. 면학서포에서는 황해도를 비롯해 각 지방에 설립되는 소학교에 이들 도서를 공급하였다. 『대한문전』은 『대한매일신보』에 광고하여 전국적으로 배포하였다.

　『대한문전』이 나온 후 주시경은 1908년 11월에 『국어문전음학』을 박문서관에서 간행했다. 그리고 1909년 지석영은 『언문』을 광학서포에

「대한문전」표지와 서문, 본문
국어가 통일되어야 국민의 단합을 가져올 수 있다고 지적하였다.

YMCA청년학관의 수업광경

서 발간했다. 당시 애국지사들은 국문법을 만들고 맞춤법을 통일하고, 띄어쓰기를 시행하고, 국어사전의 편찬과 국문전용, 국문의 가로쓰기를 시행할 것을 주창하고 이를 현실화함으로써 국문의 발전은 놀랍도록 빠르게 진행되었다.

『대한문전』은 A5판 판형으로 서울의 보문사에서 활자본으로 인쇄되어 당시 25전에 발매되었다. 1908년 1월 19일 초판이 나온 이래 그 해 6월에 재판이 나올 정도로 전국적인 환영을 받아 전국적으로 배포되었다. 특히 대성학교 예비과에서 『대한문전』을 교과서로 채택하는 등 신민회 계통 학교들에서 국어교재로 사용되었다.

혹간 그의 『대한문전』에 대해서 그의 저술이 아니라고 하는 설이 있다. 『대한문전』의 저자가 유길준이라는 것이다. 그것은 최광옥의 대한문전이 1909년 유길준이 지은 국어문법서인 『대한문전』과 같은 내용으로 구성되어 있기 때문이다. 유길준의 『대한문전』은 A5판, 활자본이며 1909년 동문관同文館에서 인쇄하고 융문관隆文館에서 간행했다. 이 책의 서언에서 유길준은 국어문전의 연구로 삼십 성상을 경과하여 원고를 고침이 무릇 8차에 이르러 이 책이 이루어졌다고 밝히고 있다. 그

신학문을 배우는 학생
『사민필지(四民必知)』를 들고 있다.

리고 제4차 원고본이 세간에 잘못 전해져 애서가가 간행한 것이 재판再版에 이르렀지만 그 원고는 잘못된 점이 많아 독자의 의혹을 도리어 증대시킬 우려가 있다고 언급했다.

유길준의 『대한문전』은 1908년 1월에 최광옥의 이름으로 출판된 『대한문전』과 1908년 11월에 주시경의 『국어문전음학』에 뒤이어 세번째로 출간된 국어문법서이다. 여기서 4차 원고본이 세간에 잘못 전해져 애서기기 간행한 것이 재판에 이르렀다고 말하는 것은 최광옥의 『대한문전』을 지목하는 것으로 알려졌다. 유길준 『대한문전』의 서문 내용을 근거로 하여 두 종류의 『대한문전』은 유길준이 일본에 있는 동안 저술되었다

고 유추한 것이다. 그의 제4차 원고본이 최광옥의 이름으로 출간된 『대한문전』이고, 제8차 원고본이자 마지막 완정본完定本이 곧 1909년 유길준 저술로 출간된 『대한문전』으로 보았다. 최광옥의 『대한문전』과 유길준이 1896년 이후 집필했다고 알려져 있는 『조선문전』을 비교해 보면, 머리에 문자론 9면이 더 있을 뿐 이하는 서로 동일한 내용이고 『조선문전』의 서序와 이책 서언의 취지가 같음을 들어 『조선문전』과 그의 『대한문전』 모두 유길준의 저술로 단정하고 있는 것이다.

『대한문전』은 표지에 '저술'이라고 표시되어 있듯이 당시 신문에서도 여러 차례 최광옥의 저술로 광고하였다. 그러나 그 당시에는 아무런 논란이 일지 않았다. 반면 저자 불명의 일문책을 번역한 『교육학』 표지에는 분명히 '역술譯述'이라고 표시했다. 최광옥은 자신의 저술이 아닌 다른 저자의 책을 무단으로 자신의 저술이라고 표기하지 않음을 알 수 있다.

안악면학회의 사범강습 교육운동이 성공을 거두고 교과서도 마련되자 안악면학회는 새로운 사업을 구상하기 시작했다. 안악면학회는 민지계발民智啓發, 청년들의 계몽사업, 산업증진, 교육장려 등의 설립 취지에 충실하고 폭발하는 교육욕구를 감당할 수 있도록 황해도 전역에 사범강습을 확대시킬 원대한 계획을 실현하는 첫발을 내딛었다.

위기에 처한 나라를 구원하려면 가르치고 배워야 한다

1907년 무렵 어느정도 신교육이 보급되었음에도 불구하고 여전히 유교 경전을 읽고 한자를 깨우치는 것만이 교육이라고 생각하는 이들이 많았다. 따라서 신교육운동가들은 학부모에게는 왜 자식에게 근대 신교육을 가르쳐야 하는지, 그리고 피교육자 청년들에게는 위기에 처한 나라를 구원하려면 열심히 배워야 함을 먼저 깨우쳐 주어야 했다.

백범 김구도 『백범일지』에서 당시 다른 황해도 지역이 안악 지방과 같지 않음을 회고하였다. 김구가 안악에서 교육에 종사하면서 휴가 중에 자기의 고향인 해주 텃골에 성묘하러 갈 때, 안악과 해주를 비교하며 한탄했다.

성장한 청년 중에 쓸 만한 인재가 있는가 고찰하여 보아도 모양만 상놈이 아니고 정신까지 상놈이 되고 말았다. 그이들에게 민족이 무엇인지 국가가 무엇인지 일호의 각성이 없이 곡충穀蟲에 불과하다. 젊은 사람들에게 교육을 말한즉 신학문은 야소교·천주교로 안다.

당시 많은 학교가 설립되었지만 학교설립을 위한 재정이 풍족하지 못하다보니 제대로 된 시설을 갖춘 학교는 드물었다. 개인의 사랑방에서 수업하면서 학교가 시작되었으며 교사와 학생만 있다면 그 곳이 바로 학교가 되었다. 정작 문제는 가르칠 선생이 없다는 것이었다. 최광옥은 평양에서 유지들과 함께 사범강습회를 성공적으로 이끌어 많은 신교육 교사를 배출한 경험이 있다. 그 경험에 지혜를 더하여 이제 안악면학회의 교육 사업으로 꽃을 피워보고자 그는 김용제와 송종호 등과 함께 머리를 맞대고 의논했다.

"이렇게 많은 학교들이 우후죽순처럼 설립되었는데 정작 학생들에게 올바른 국가관을 심어주고 신교육을 가르칠 만한 교사들이 없습니다. 어찌 보면 학생양성보다도 교사를 양성하는 일이 더 시급합니다."
"저희가 학생을 교육하는 데 한계가 많지요, 교실도 마련하고 시설도 갖추어야 하니까 말입니다."
"어쨌든 우리 면학회에서 훌륭한 교사를 조직적으로 배출한다면 그들이 전국으로 번져나가 더 많은 학생들을 키울 수 있겠지요."

평양에서의 사범강습회와 사경회에 함께 참석하며 최광옥과 김구는 속마음을 터놓게 서로를 믿었듯이 안악면학회의 교육 사업을 추진하면서도 이심전심 일심동체로 뜻이 통했다.

"김형과 내가 평양의 사범교육강습회에 참여해 보았지만 짧은 교육기간이 너무 아쉬웠습니다. 보통 사범강습과정이 일주일 정도 밖에 안되는데 이 기간으로는 우리가 목표한 바의 교육목적을 달성할 수 없습니다. 우리 미래를 책임질 인재를 교육할 교사를 양성하려면 자질 있는 자들 중에서 적어도 1개월간의 시간을 투자해 사범교육을 받아야 한다고 봅니다."

최광옥은 사범강습교육을 위해 태어난 사람처럼 교육자 양성이 자신의 운명이며 소명이라 여기고 매사에 희생과 봉사를 아끼지 않았다. 그의 경험과 뛰어난 조직력 발휘에 안악의 동지들은 다른 견해가 있을 수 없었으며 그를 믿고 따르며 전폭적인 지원을 해주었다.

사범강습회는 여름 방학 중에 비어있는 양산학교의 시설을 이용하여 개최되었다. 사범강습회는 안악면학회와 양산학교가 공동으로 주최했고 민지개발운동을 담당할 일꾼을 양성 한다는 구호를 내걸었다. 이리하여 1907년 7월 3일에 개소식과 더불어 제1회 하기사범강습회가 시작되었다.

사범강습소는 초등교원 배출을 목표로 매년 여름마다 1개월의 과정으로 시작되었다. 이 때 안악교회에서도 매년 춘계 사경회를 이용하여 일주일간 사범교육을 실시하여 수리, 물리, 생물, 생리학 등의 신학문을 교육하는 사범과정이 설치된 바 있지만 어디까지나 기독교 전교를 목표로 하였다. 따라서 교사 양성을 목표로 한 진정한 사범교육은 안악면학회가 주최한 하기사범강습소에서 시작되었다고 볼 수 있다.

사범강습소 사범과정의 강사로는 최광옥·고정화·최명식 등이 맡아 하였다. 처음 시작할 때에는 국어와 근대과학에 해당하는 생리학·물리학·경제원론·식물학 등 교과 모두를 최광옥이 담당하였고 최명식은 산수, 고정화는 조선역사를 가르쳤다.

안악 인근 지역은 물론 멀리 평안도, 경기도와 충청도 등에서 사립학교 교사들과 교사가 되기를 희망하는 청년들이 모여들어 강습생의 수가 70여 명에 달했다. 이들에게 1원의 강습 청강료를 받았으며 모든 비용은 안악의 유지인사들의 기부금으로 충당했다.

면학회에서 사범강습회를 시작하면서 앞세운 주제는 '무너져가는 조국을 일으키려면 자녀를 교육시키라'였다. 1개월 과정의 사범강습교육 프로그램은 여타 강습회와 비교해 볼 때 당시로서는 괄목할 만한 것이었다. 피교육자들에게 교과의 내용만을 가르친 것이 아니라 교수방법에 있어서도 큰 가르침을 주어 사범교육의 모범이 되었다. 안악의 신교육운동은 구국운동과 하나가 되어가며 열화와 같은 관심을 대중들로부터 끌어내었다.

안악면학회는 안악은 물론이고 해서지방의 신문화운동의 중심이 되었다. 양성된 인재들은 황해도에 소재한 명신학교를 비롯한 많은 근대학교에 교사로 파견되어 신교육운동을 주도했으며 민족운동에 기여했다.

1907년 4월 15일에 양산학교에서 안악면학회가 주최한 춘계대운동회가 열렸을 때 안악의 동지들의 열성과 선전으로 운동회는 은율·장연·재령·봉산·신천 등지와 백리 이상 떨어진 원거리에 있는 37개 학교가

삼선평(현재의 삼선교 부근)에서 열린 운동회
줄달리기 시합을 통해 협동심을 가졌다.

참여할 정도로 성황리에 개최되었다. 안악면학회의 활동을 감시하고 있던 한국통감부에서는 이 날 천여 명의 학생들이 모인 운동회의 상황을 다음과 같이 보고했다.

안악군 소학교에서 춘계대운동회가 열리는 일은 이미 보고되었거니와 금월 15일에 각처 37개 학교가 훈련장에 모두 모이니, 천여 명 학도가 북을 울리고 나팔을 불면서 항오行伍의 질서가 정연하고 관람자가 병풍을 둘러치듯 모여들었다. 상오 9시부터 시작하여 하오 4시에 이르기까지 산술 작문 경주와 체조운동을 차례로 시험하고 각 학생들이 연설하였다. 그 다음날 하오 9시에 내빈 중 신사 최광옥씨는 '사람'이란 문제로, 미국선교사 쿤스君芮彬, EdwinWadeKoons씨는 '대한독립'이란 문제로 연설할 때에 장래에

YMCA의 덴마크식 체조
앞에서 지도하는 교사는 김규식이다.

연합운동회 광경
그 당시 연합운동회는 군·면의 큰 축제였다. 체력 단련은 물론이고 단결심을 키워주었다.
(사진은 1926년 중외일보 주최의 연합운동회 광경)

모인 모든 사람들이 박수치며 갈채를 보내고 준비한 물품은 이때에 판매를 시작하였다더라.

이처럼 일제 통감부는 안악면학회를 주도하며 불같이 일어나는 교육열풍을 지켜보며 최광옥의 존재를 인식하기 시작했다. 최광옥은 '일신이 도시열정都是熱情'이라는 평을 받을 정도로 무슨 일이든 정열적으로 진행하였다. 안악면학회가 주최한 연합대운동회는 신체의 건강과 단합된 힘이 그 무엇보다도 소중함을 알리고자 하였다. 그는 안악의 동지들에게 대운동회의 효과를 힘주어 말했다.

미 북장로교 선교사 쿤스
1930년에 입국하여 경신학교 교장으로 재직하며 독립운동을 지원했다.

체육은 정신적 국민을 양성하는 근본입니다. 사람의 골수로부터 발전하는 완전한 정신은 반드시 건강한 신체 작용으로부터 나온다고 하겠습니다. 그런 고로 국민된 사람마다 체육을 완수한다면 어떤 일이든지 그 목적을 달성할 수 있으리라 봅니다.

그리고 체육은 국민의 단합력을 일으켜 줍니다. 체육교사가 구령하는 대로 모든 이들이 일사분란하게 움직임을 통해서 체육을 하는 사람이나 관람히는 사람이니 단합력을 키워줍니다. 이를 통해 정신적 단합도 가능하게 하는 효과를 줄 것입니다.

체력은 개인 일신에도 이익이 있을 뿐 아니라 모름지기 국가 자강의 기초

구한말 외국어를 배우는 학생들

라고 생각됩니다. 어찌 보면 지육이나 덕육보다도 우선한다고 하겠습니다.

그의 이러한 외침은 나라를 위해, 국민교육을 위하여 온몸을 받치고자 해도 건강이 허락치 않은 자신의 체력을 원망하며 자신에게 주어진 시간이 얼마 남지 않았음을 항변한 것이다.

춘계 대운동회의 목적은 상호 친목과 단결정신의 고취, 강건한 신체 연마, 민족의식 함양 등에 두었다. 황해도 전 지역 학교의 연합체전으로 개최된 이날의 대운동회는 단순한 운동대회가 아니었다. 이 날 운동회에서 사람들은 한마음이 될 수 있었고 터져 나오는 함성에서 대한인의 무한한 힘을 느꼈다. 강건한 신체를 연마하고 강인한 민족정신으로 무장한다면 대한인의 독립과 발전을 막을 수 없다는 자신감을 얻었다. 이틀간 열린 운동회 마지막 날에 '사람'이라는 주제로 각 개인에게 존엄함을 일깨워주는 연설을 했다.

여러분! 우리말에서 사람은 살았다는 뜻이고, 활동한다는 뜻입니다. 중국어 '人'은 두 다리를 바짝 세워 차렷해 서면서 글자 모양 그대로 독립 불굴한다는 뜻입니다. 사람의 뜻인 일본어 '히도'는 빛을 의미합니다. 요컨대 사람은 우주만물의 으뜸이라고 하겠습니다. 그러니 사람의 존재 이유는 살아 활동해야 하고 독립 불굴해야 하며 만물의 빛이 되어야 합니다.

이렇게 시작된 그의 연설은 인간의 가치와 존재의미를 일깨워 주었으며 그의 연설은 운동회에 모인 모든 이들에게 큰 감동을 주었다. 이어 연설자로 나선 이는 선교사 쿤스다. 그는 미북장로교에서 파견된 선교사로 1903년 10월에 내한하여 2년간 평양선교부에서 한국어 공부와 선교준비에 매진하다가 1905년 황해도 재령지역 선교사로 임명되어 활동했다. 재령의 명신학교는 그가 설립한 학교이다. 서투른 한국말이지만 그는 이렇게 연설했다.

내가 대한에 와서 이렇게 많은 사람이 모인 것은 처음 보았습니다. 대한 사람도 지금 많이 개명해 갑니다. 저 부산에서 의주까지 철도 놓은 것, 그

북만주 밀산 봉밀산의 기지개척사업에 투자 된 태동실업주식회사 주식

러시아 연해주 이주 한인들에 의해 개척된 카레야스키(고려인) 거리

공립협회에서 러시아 블라디보스톡에 파견한 원동위원 이강 가족

것 다 대한사람의 손으로 놓은 것이오, 괭이로 파고 삽으로 파고(흙파고 삽질하는 모습을 흉내내며) 그것 다 대한사람이 한 것입니다. 대한사람도 하면 다 할 수 있습니다.

북장로교 선교사 쿤스는 경신학교 교장을 역임하고 일제치하에서 독립운동을 적극 지원했다. 이날 대운동회에는 미국 공립협회에서 원동위원인 김성무도 연설했다. 독립운동기지를 개척하고자 시베리아로 가는 도중에 잠시 국내에 머물고 있던 중 초빙되었다. 그 날 연설은 옛 발해의 땅이며 우리의 역사영역이었던 시베리아지역으로 진출해 그 곳에 한

미주 국민회 제1회 이사회 기념.
이상재와 정재관이 원동위원으로 파견되어 북만주 봉밀산 기지개척사업에 참여했다.

국민을 식민해야 한다는 호소였을 것이다. 이후 그는 공립협회 회원들이 거둔 아세아실업주식회사와 이후 설립된 태동실업주식회사의 주식금을 투자해 소련과 북만주의 국경지대인 밀산 봉밀산일대의 황무지를 구입, 한인촌 개척을 주도하였다.

연합대운동회는 1908년 봄에도 성황리에 개최되었다. 운동회가 열리는 동안은 학생들과 교사 그리고 인근의 주민들 모두가 우리 민족의 나아갈 길을 함께 고민하고 단합하는 시간이 되었다. 그러나 연합대운동회의 명성이 자자해지자 일제는 노골적으로 방해했다. 1909년 봄에 열릴 예정이던 안악면학회의 제3회 운동회는 기어코 개최되지 못했다.

그러자 상대적으로 주목을 덜 받고 있는 배천에서 군수 전봉훈의 주재로 배천 군읍 소재의 41개처의 학교 1,360여 명의 학생이 참여한 가운데 3월 17일에 대운동회가 성황리에 개최하였다. 배천의 운동회에도 인근에서 구경꾼들이 구름처럼 모여들었다. 안악의 뒤를 이어 배천이 신교육운동의 중심지로 거듭날 수 있었음은 최광옥과 김구, 군수 전봉훈, 배천군 모든 군민들이 하나가 되어 교육운동을 이끌어나갔기 때문이다.

안창호와 함께 신민회를 결성하다

최광옥과 안창호는 절친한 동지요, 독립협회 시절부터 구국운동의 동반자였다. 최광옥은 1877년 8월 15일 출생이고 안창호는 1878년 11월 9일 출생으로 그가 안창호보다 1살이 연상이다. 안창호가 미국으로 유학하기 전부터 독립협회 관서지부에서 함께 활동한 동지였고 점진학교 설립과 운영을 통해 신교육운동의 동반자였던 두 사람은 서로에게 깊은 영향을 주고받으며 동기간보다도 더 두터운 우정과 신임을 나누는 사이였다.

안창호가 미국 유학을 떠난 후에도 최광옥은 안창호 가족을 돌보았다. 그가 일본으로 유학한 후에도 돈독한 우애는 식을 줄 모르고 계속되었다. 최광옥이 중심이 되어 결성한 재일유학생단체인 태극학회와 안창호가 미국에서 결성한 공립협회는 상호 정보를 주고받으며 긴밀히 협력했다.

미국에서 성공적으로 공립협회 지회조직을 구축하는데 성공한 안창호는 일제에 의해 침탈당한 국권을 회복하고자 국내와의 연결을 도모하며 통일연합기관을 설립하고자 했다. 이를 실현하고자 1907년 1월 초순, 캘리포니아 리버사이드에서 공립협회의 중견간부들이 중심이 되어 '대한인신민회大韓人新民會'를 결성했다. 이 단체는 국내활동을 위한 조직이었다. 안창호의 공립협회 동지들은 전권위원으로 파견되어 구국운동을 펼칠 안창호를 위해 힘을 다해 도울 것을 결의하였다. 그러나 정작 안창호는 동지들이 힘겹게 노동하여 번 돈으로 자신만 국내로 들어온다는 것이 마음에 허락치 않아 극구 거절했다. 그러자 공립협회 회원들은 만약 안창호가 자신들의 요청을 받아들이지 않고 귀국하기를 거절한다면 공립협회도 해산해 버릴 것이라며 단호하게 그의 결심을 부추겼다.

결국 안창호는 대한인신민회 취지서 등을 갖고 1907년 1월 20일 경 샌프란시스코를 출발해 도쿄를 경유하여 2월 20일에 국내로 입국했다. 안창호가 가져온 대한인신민회 통용장정 제2장 '목적과 방법' 제1절에서, "본회의 목적은 우리 대한의 부패한 사상과 습관을 혁신하여 국민을 유신케 하며 쇠퇴한 교육과 산업을 개량하여 사업을 유신케 하며, 유신한 국민이 통일 연합하여 유신한 자유문명국을 성립케 한다."라고 규정했다. 제 2절에는 대한인신민회 목적을 달성할 수 있는 실행 방법에 대해 다음과 같이 제시했다.

제1조 각소에 권유원을 파견하여 권유문을 전파하며 인민의 정신을 각성케 할 일

제2조 신문 잡지와 서적을 간행하여 인민의 지식을 계발케 할 일

제3조 정미한 학교를 건설하여 인재를 양성할 일

제4조 각 처 학교의 교육방침을 지도할 일

제5조 생략

제6조 실업가에 근고勤告하여 영업 방침을 지도할 일

제7조 본회에 합자로 실업장을 설치하여 실업계의 모범을 작作할 일

제8조 본 회는 해내해외를 막론하고 애국성이 있는 동포로서 일체 단합할 일

제9조 회원이 산재한 각 구역에 연합기관을 분치하여 교통방편을 오로지 힘쓸 일

제10조 실력을 확장하여 국체를 완전케 할 일

이상의 대한인신민회 통용장정의 요지는 부패한 사상과 습관을 혁신하고 교육과 산업의 발달을 도모하여 새로운 국민新民으로 거듭나게 하여 국민국가의 자유문명국을 건설한다는 것이었다. 무엇보다도 중요한 것이 바로 새로운 국민, 즉 '신민新民'의 탄생을 목표로 하였다. 이것은 나라의 부강이 국민의 부강에서 나온다는 판단에서 신국민을 창출하고자 한 것으로, 이 '자신自新'을 위해서는 "부패하고 완고한 민습民習에 대해 신사상을, 우매한 민습에 대해 신교육"을, 그리고 신제창新提唱, 신유양新袖養, 신윤리新倫理, 신학술新學術, 신모범新模範, 신개혁新改革 등을 이루자고 하였다. 요컨대 오직 새로운 정신으로 각성하여 새단체를 조직한 후 '새나라를 건설할 뿐'임은 보여준 것이다.

국내로 귀국 전에 1907년 2월 10일 경 일본 도쿄에 도착한 안창호는 일주일간 체류하면서 태극학회 회원들에게 시국강연을 한 바 있다. 이것은 안창호가 일본유학생들과 연통이 있었음을 말해주며 그 연결고리가 최광옥이었다. 그러나 안창호가 일본에 도착했을 때 최광옥은 이미 국내로 귀국했다. 당시 일본에 유학 중이었던 최남선은 이 때 안창호의 연설을 듣고 큰 감명을 받아 '신민회'와 '청년학우회'에 가담하게 되었음을 회고한 바 있다.

2월 20일에 국내로 들어온 안창호는 제일 먼저 최광옥과 해후하였다. 그들의 만남은 5년 만에 이루어진 것이다. 최광옥이 서거한 후에 신민회 사건에 연루되어 검거된 동지들의 재판 심문기록을 분석해 보면 최광옥은 안창호가 국내로 들어오기 전 신민회 결성하는 계획을 미리 알고 있었다.

최광옥은 안창호와 비밀리에 신민회의 조직원을 영입했으며 3월 상순부터 서북지방 일대를 돌며 유세하고 다녔다. 그 당시 평양 등의 정세를 시찰하고 다닌 일본인 우찌다內田良平가 통감부에 안창호의 행적을 조사 보고한 내용에 따르면, 평양의 명륜당에서 다음과 같은 요지의 연설을 했다 한다.

"나라의 독립은 인민에게 있는 것이요 타국의 보호에 있는 것이 아니며 보호를 청하려면 하느님에게 있을 뿐이라. 만약 부득이 하여 의뢰치 않으면 아니될 때에는 세계 최강의 나라에 의뢰할 지라. 일진회는 국적이라. 왜냐하면 이들은 이러한 대의를 버리고 신협약(을사조약)에 묵종하여 일국의 신뢰하여 일절을 의탁코자 하기 때문이다."

항일의병부대 모습
영국인 기자 멕켄지에 의해 촬영되었다.

이처럼 안창호는 을사조약의 부당성과 일진회의 매국행위를 통렬히 비판했다. 이 연설회장에는 강서군수와 관리들이 방청하고 있었다고 한다. 안창호는 최광옥과 함께 각 학교를 찾아가서 애국정신을 고취시키는 연설도 하곤 했다. 균명학교를 방문해서는 미국의 각종 학교에서는 매일 수업 전에 국기에 대한 경례와 국가를 제창하고 있음을 강조하고 우리 학교들도 이를 시행하여 애국심을 불러일으킬 것을 건의했다. 균명학교는 안창호가 연설한 후 국기게양과 국가 봉창의 예를 거행했다고 한다.

최광옥은 1907년 8월 한국군대를 해산시키는 광경을 목격하기에 이르러서는 우리 국가와 민족의 멸망이 임박했음을 절감했다. 그래서 계몽 교육이나 식산활동만으로는 국권회복의 가능성이 없다고 보았다. 따라서 신민회의 활동을 단순한 계몽, 식산운동에 머물지 않고 일본의 방해를 받지 않고 강력한 국권회복 차원의 운동으로 고양시키려면 비밀결사로 조직해야 한다는 확고한 신념을 가졌다. 하지만 여전히 국민계몽도 필요했음은 대다수의 민중들은 우리 민족이 망국의 진흙바닥에 내팽겨져 있음을 인지하지 못하고 있기 때문이었다. 그래서 겉으로는 교육·식산진흥의 애국계몽운동을 전개하고 국민회복운동은 비밀리에 전개하고자 했다.

신채호가 발행한 『가정잡지』

최광옥은 온 힘을 쏟아 유망한 청년들을 비밀리에 신민회 회원으로 확보했다. 처음에는 주로 상동교회와 대한매일신보사 등에 관계한 인사들인 양기탁·전덕기·이동녕·이갑·유동열 등을 신민회 회원으로 확보해 나갔고 그 후 평안도, 황해지방을 중심으로 확산시켜 나갔다.

상동교회 상동청년학원 인사들과도 교류하며 1907년 8월에 최광옥은 재출간된 『가정잡지』에 찬성원으로 참여했다. 『가정잡지』는 상동청년학원 내에 가정잡지사를 두고 1906년에 순국문으로 발간하여 민간잡지의 효시가 된 잡지이다. 이 잡지는 한때 중단되었다. 그러나 신민회 인사들이 의기투합해 1907년 8월 신채호를 발행인으로 하여 재출간한 것이다. 모든 개혁은 가정개혁으로부터 시작된다고 하는 사실에 착안하여 모든 가정이 봉건의 굴레를 벗어던지고, 신문명을 받아들인다면 우리나라의 문명과 독립을 지킬 수 있다고 보았다. 가정을 가장 중요한 사회기본단위로 본 것이다. 『가정잡지』는 가정에 국한된 내용에서 나아가 정치·경제·과학·사회 등을 두루 섭렵하는 잡지로서 면모를 보여주었다.

신민회는 선별된 인물들만 회원으로 가입시킨 비밀결사 조직으로 그 실체가 세상에 드러나지 않았다. 신민회 회원은 대체로 3, 4백 명정도로 추정되나 정확한 인원은 알 수 없다. 각 회원은 추천되어도 길게는 1년여, 짧게는 수개월 동안 행동을 관찰하여 신민회의 설립목적을 이해하고 활동할 수 있는 확고한 의지가 보일 때라야 입회시켰다. 최광옥은 주로 평안도와 황해도 지방의 인재들을 심사하여 신민회에 가입시켰다.

후일 안창호가 상해에서 흥사단 청년들에게 연설할 때 "평북지방은 이승훈이 평남지방과 황해도 지방은 안태국과 최광옥이 관장하였다"고 회고했다. 최광옥 이후 평남지방을 관장한 이는 장응진이며 함경도지방을 관장한 이는 이동휘였다.

신민회 회원은 대체로 상공인·교사·기독교인이었다. '105인사건' 재판 기록에 의하면 최광옥의 권유를 받아 신민회에 입단한 이는 김상식, 정창옥, 이근택, 최윤진, 지상주, 정원본, 안태국, 백일진, 김시점, 이기당, 변인서, 백용식 등과 숭실중학교 동문인 동암 차리석이다. 차리석은 훗날 상해 대한민국임시정부에서 김구를 보좌하며 오랜 세월 흔들리는 임정을 끝까지 붙잡고 지켜낸 임시정부의 파수꾼과 같은 인물이다.

신민회가 아무런 기반 없이 2개월의 짧은 기간에 결사를 조직할 수 있었던 것은 최광옥의 인적 기반이 큰 영향을 주었다고 본다. 신민회 실

황병길과 이동휘
북간도에서 신민회 청년학우회의 정신을 계승하여 정신단을 만들고자 했다.

체가 세상에 드러난 것은 1911~1912년의 105인사건 재판과정에서였다. 신민회사건 재판 당시에 최광옥은 이미 고인이 되었지만 피의자 심문과정에서 일제는 '최광옥을 알고 있는가'를 수시로 물어 그가 신민회 핵심인물이었음을 인식하고 있었다.

신민회에 1906년 겨울에 가입했다고 진술한 이들도 여럿 보인다. 예컨내 백용식은 1906년 8, 9월에, 이기딩은 1906년 겨울에 입회했디고 진술했다. 이기당은 평북 의주 출생으로 용천에서 광업에 종사한 자로 한학에 뛰어난 인물이다. 그는 국민의 지도적 인물이라 생각되는 유명

공개 처형당하는 항일 의병들

한 사람을 찾아다니며 시국을 논하였다. 최광옥의 권유로 신민회에 가입한 그는 최광옥을 자신의 지도자로 삼는다는 의미에서 자신의 이름을 이기당에서 이신옥李信玉이라 개명했다고 한다.

최명식도 자신의 회고록에서 '1906년 5월 그의 권유로 신민회에 가입했다.'고 술회하고 있다. 이는 1907년의 착오인 듯도 하나 1906년 가을 입회설을 사실로 받아들인다면 최광옥은 안창호가 국내로 입국하기 전에 회원모집을 시작했고 아마도 최광옥의 귀국사유도 조직구축과 연관되어 있으리라 생각된다. 그렇다면 최광옥은 공립협회를 배후로 하여 후일 신민회라는 조직을 구축해 간 것으로 추정할 수 있다. 미주의 공립협회는 신민회와 그 취지와 목적이 동일하다. 조직적 연대는 물론 교육·

군대해산 후 시가전을 벌이며 항전하다 포로로 붙잡힌 대한제국 군인

언론·출판·종교·문화 등의 제반활동을 통하여 애국심을 고취시키고 민족의식을 앙양하여 국권회복에 대한 관심을 야기하는데 공조 체제를 취했다. 신민회와 공립협회는 그 취지와 목적이 같다. 안창호와 최광옥은 이들 양대 조직을 연결하는 포스트였다. 신민회는 안창호·양기탁·안태국·이승훈·전덕기·이동녕·주진수·이갑·이종호·김홍량 등이 핵심인물이라고 거론되나 신민회 인사들은 최광옥을 신민회의 주요 간부로 특별히 기억하였다.

신민회는 서북학회·대한협회 등의 본회 및 지회를 통하여 겉으로는 교육운동과 산업발전을 위해 활동하면서 또 한편으로는 절대 독립론이며 독립전쟁준비론에 입각한 비밀활동을 전개했다. 그것은 신민회 결사

매국노 이완용
내각총리대신으로 병합조약을 체결했다.

의 궁극적 목표이기도 했다.

여기서 신민회와 당대에 함께 활동했던 다른 단체와의 차이점을 살펴볼 필요가 있다. 신민회는 근대지상주의·문명개화론에 경도되어 현실 인식과 동떨어진 구호만을 외친 계몽단체가 아니었다. 사회진화론·동양평화론 등의 논리에 빠져 일본을 선진문명국으로만 이해하고 일본제국주의의 침략 의도를 제대로 파악하지 않는 계몽단체와는 차별되었다.

당대 계몽운동에 종사하며 애국자를 자처한 이들 중에 실제로는 정치 상황을 타고 일본의 힘을 업어 정권을 획득하기 위해 기회만을 엿보는 정치세력이 있었다. 그 대표적인 단체가 일진회였으며 결국은 매국단체로 전락해 갈 수 밖에 없었다. 그 외에 대한협회 등도 일본 제국주의에 농락당했다. 일제는 이들에게 정권을 이양할 것처럼 회유하며 일제에 저항하지 않고 근대화라는 미명을 안고 정치 방향을 잡아나가도록 호도하였다.

일본과의 타협을 통해 정권을 잡고 근대화의 개혁에 착수하고자 하는 허망한 꿈을 끝내 버리지 못했다. 최광옥을 비롯한 신민회 회원들은 서북학회를 통해 표면 활동을 하고 있었지만 민족의 장래를 걱정하기에 앞서 정권욕에 사로잡힌 정치단체들의 위세와 일제의 침략에 나약하게 무너져가는 정치풍토와 시대풍조에 심한 불안을 느꼈다.

매국노 이완용을 습격하여 중상을 입힌 이재명의사(앞줄 왼쪽)와 동지들

　신민회 회원들은 어떻게 해서든지 일본의 손아귀에서 벗어나고자 다방면에서 구국운동을 전개했지만 1907년 8월 1일, 한국 군대의 강제해산을 겪으면서 한국의 국권이 완전히 상실되었음을 깨달았다. 이제는 구국운동의 차원을 벗어나 독립전쟁의 길을 나서지 않을 수 없게 되었던 것이다.

　해산된 군인들이 의병에 가담하게 되면서 의병선생은 전술적으로나 화력적으로 크게 보강되었지만 이에 맞선 일제는 일본군을 총동원하여 초토화 작전으로 맞서며 의병 탄압에 열을 올렸다. 국내에서 의병항쟁이 격렬해지자 국권회복과 독립운동의 전열을 갖추기 위해 공립협회의 중견인물들을 잇따라 국내로 파견하여 신민회 조직과 연통하게 했다.

1907년 6월 11일 락스프링스 지방회장 황국일을 파견한 것을 비롯하여 8월 27일에는 리버사이드 지방회장인 이강, 10월 9일에는 이재명, 10월 16일에는 오대영을 선발·파견했다. 또한 10월 25일에는 이완용의 매국적 처단을 위한 협조와 국내와의 통신연락을 위해 샌프란시스코 지방회장으로 있던 임치정을 국내로 파견하여 대한매일신보사에 입사시켰다. 1908년 1월에는 공립협회 대의원 겸 『공립신보』 인쇄인이었던 이교담을 파견하여 역시 대한매일신보사에 입사시켰다.

1908년 2월에 개최된 공립협회 총회에서 "본국내에 본회 대치인을 둘 것"을 결정하고 통일연합기관의 국내조직인 신민회와의 연통을 공고히 하였다. 이후에도 공립협회는 신민회의 활동 지원을 위해 1909년 1월 30일 서기풍과 김병록·노형찬 등을 잇달아 국내로 파견했다.

앞서 귀국한 이재명은 안창호를 방문해 이토 히로부미 암살계획을 알렸다. '권장회'를 조직한 이재명은 1909년 1월 융희황제의 서도西道순시에 동행한 통감 이토 히로부미를 평양역에서 처단하려는 계획을 세운 바 있다. 그런데 공립협회 블라디보스톡 지회 회원이었던 안중근이 『대동공보』 주필로 블라디보스톡에서 활동하던 공립협회원 이강 등과 공모하여 1909년 10월 26일에 하얼빈에서 이토 히로부미를 처단하는 의거가 일어나자 이재명은 계획을 변경하여 이완용을 처단하기로 결심했다. 매국노 이완용을 처단하기 위해 1909년 11월부터 공립협회 회원이던 김병록 등과 함께 무기를 구입하고 대한매일신보사에서 근무하고 있던 임치정·이교담 등에게 무기 보관을 위탁하고 의거를 준비했다.

그리하여 1909년 12월 23일 이재명 등 권장회 회원들은 명동성당에서 개최된 벨기에 레오폴드 2세의 추도식에 참석하고 문을 나서는 이완용을 공격하여 중상을 입혔다. 이 사건으로 임치정·이교담·안태국·송종원 등 신민회원 13명이 불기소되었다. 현장에서 체포된 이재명은 1910년 5월 18일 재판에서 사형판결을 받고 9월 13일에 교수형 당했다. 이 때 이재명은 22세의 젊은 청년이었다.

공립협회와 원동사업

공립협회에서는 1907년 10월경 공립협회 원동지회 설립을 위해 이강을 국내로 파견했다. 그는 곧바로 블라디보스톡으로 건너가 그 곳의 유지였던 최봉준 등과 함께 1908년 2월 『대동공보』를 창간하고 주필로 활동하면서 연해주 지역에 공립협회 지회 설립을 위해 노력했다. 한편 1907년 12월 20일경 블라디보스톡 개척리의 대한인 거류민단장 겸 계동학교 감독 최만학과 거류민 부장 양성춘은 미주 공립협회 앞으로 『공립신보』지사 설립을 특허해 달라는 내용의 서신을 보냈다. 이를 계기로 공립협회에서는 1908년 1월 7일 회원 김성무를 한국에 파견했다. 김성무는 블라디보스톡으로 가기에 앞서 서울에 체류하면서 안창호·최광옥 등과 접촉하며 서북간도와 블라디보스톡 일대에 공립협회의 원동 지회 건설과 독립운동기지 개척과 군관학교 설립 문제를 논의했다.

1908년 2월 20일에 공립협회 총회는 블라디보스톡에 지회 설립을 정식으로 결의했다. 이로써 국내에서 독립전쟁이 일어나면 호응할 해외기지가 필요하며 블라디보스톡은 독립군 기지의 최적지로 포착되었다. 1908년 9월 25일 블라디보스톡 지회가 설치된 이래 같은 달 29일 스찬木淸지방회가 설치되었으며 이후 연해주 여러 지역에서 공립협회 지회가 설치되었다.

국외 통일연합기관 설치운동에 주력하던 중 1908년 3월 23일 오전 9시 30분 통감부의 외교고문인 스티븐스가 워싱턴으로 출발하고자 일본영사와 함께 샌프란시스코 페리선창에 당도하자 공립협회 회원인 전명운과 대동보국회 회원 장인환이 스티븐스를 저격하는 의거가 일어났다. 스티븐스는 저격받은 지 이틀 후인 25일 사망했다. 공립협회에서는 장인환·정명운 의사의 의거를 '자유전쟁'이라 선언했다.

스티븐스 처단의거의 재판이 열렸을 때 이를 독립전쟁의 과정으로 이해하면서 "한국 독립은 곧 금일이오, 한국의 자유는 곧 오늘이니 우리의 큰 뜻을 이룰 날이오, 우리의 억울한 것을 재판하는 날이니 우리가 각각 중지를 기울여 독립을 위하여 재판하기를 힘써야 될지니 이 재판은 세계에 공개재판이오, 이 재판은 우리의 독립재판이니 우리가 이 재판을 이겨야 우리 2천만의 독립이 될"것이라고 선언했다.

스티븐스 처단의거는 국내에 대대적으로 보도되었으며 스티븐스 처단은 의열투쟁이 독립전쟁의 일환이라는 인식의 시원을 이루었다. 그리고 이 의거는 노령·만주·중국 등지의 국외동포사회에도 큰 자극을 주어 후일 안중근의거에 직접적인 영향을 끼쳤다.

공립협회는 1909년 국민회로 재발족되면서 원동사업을 계승하고 북만주 지역의 밀산 봉밀산에 독립운동기지를 개척했으며 그곳에 군관학교를 설립했다. 그러나 안타깝게도 봉밀산 기지개척 사업은 개척 자금의 부족과 계속되는 흉년, 마적의 침탈과 이주민의 부적응으로 결국은 실패로 돌아갔다.

기독교 신앙으로
독립정신을 확대하다

최광옥은 신민회와 서북학회를 통해 서북지방을 중심으로 한 교육운동을 지도하는 한편, 1907년 가을 학기부터는 서울 연동의 경신학교에서도 학생들을 가르쳤다.

1908년에 최광옥은 미국 북장로교에서 파견한 의료 선교사인 에비슨 O. R. Avision의 추천을 받아 초대 YMCA종교부 간사가 되었다. YMCA는 1903년 10월 28일 서울 정동 유니온클럽에서 창설된 이래 상동청년학원, 신민회와 함께 기독교 세력으로서 대표적인 청년운동 단체였다. 이들의 공통점은 독립협회 출신자들이 청년단체의 기초를 형성했다는 점이다. 그런데 최광옥은 YMCA, 상동청년학원, 신민회 모두에서 활동했다. 그는 공식적으로는 불과 몇 달 동안 YMCA종교부 초대간사로 활동했으나 그 영향력은 대단했다. 최광옥에 이어 제2대 종교부 간사가 된 이는 이상재다. 최광옥이 YMCA종교부 간사로 임명된 것은 그의 애

1908년 종로2가에 벽돌로 된 3층 건물로 신축된 YMCA

국심과 신앙심이 청년들에게 깊은 감명을 주었고 에비슨은 그의 역량을 이용하여 YMCA를 활성화하고자 한 때문이었다. 1908년 6월 2일자로 YMCA총무 브록크맨Fletcher S. Brockman이 세계기독교청년회 총무 모트 John R. Mott에게 보낸 보고서한에서 최광옥의 활동상을 다음과 같이 증언하고 있다.

> 우리는 최광옥을 종교부 간사로 채용하고 있습니다. 에비슨 박사는 (최씨를) 높이 평가하고 있습니다. 최씨는 타고난 웅변가입니다. 그는 일본에서 교육을 받았습니다. 내가 한국에서 들어본 연설 중에서 누구 못지않게 논리적이었습니다.

인천 내리교회에서 설립한 영화학교 학생들의 집총훈련 모습

 이처럼 최광옥은 활동을 통해서나 웅변을 통해서 서양 선교사들의 기독교적 신앙과 설교만으로는 근접할 수 없는 민족정서에 호소하여 청년들을 움직였다. 당대 교육계에서 뿐만 아니라 종교계에서도 그는 절대 필요한 존재로 그 어떤 상대이든지간에 설득할 수 있는 지적·영적 능력을 갖고 있었다.

 YMCA는 1908년 12월 3일 종로에 새로운 가옥을 마련하고 회관개관을 축하하며 6가지의 청년회의 지도이념을 발표한 바 있다. 이는 최광옥의 지도로부터 비롯된 것이라고 확신한다.

 즉 1) 청년들의 덕·지·체 훈련, 2) 건전한 단체 생활과 교제, 3) 사회에 필요한 명철하고 근검 건실하며 다재다능한 인재의 양성, 4) 국가 설립 발전에 필요한 각종 기술의 연마, 5) 국가 부강대업을 이룰 신실하고 충군애국하며 인격이 훌륭한 정치지도자의 양성, 6) 독립국가 건설 등의 내용은 최광옥의 청년운동 지도이념이기도 하다. 청년들의 인격훈련과 단체훈련, 그리고 실업교육을 통해 국가 부강대업을 이룰 지도자를 양성하여 궁극적으로 독립국가를 건설하자는 것이다. 종교단체인 YMCA가 청년회의 지도이념을 규정하면서 종교를 지상과제로 하지 않고 있는 점이 주목된다.

이러한 YMCA 지도이념의 변화는 1907년 이래 최광옥을 중심으로 확산되어 갔던 신민회의 정신이며 1908년 8월에 결성된 청년학우회의 정신과도 상통하는 것이다. 아마도 이러한 공통의 청년운동 정신은 최광옥에 의해서 기획·수립되었다고 할 수 있다.

청년학우회가 발기되었을 당시 『대한매일신보』에 보도된 발기자 명단에 최광옥은 '전 양실학교 교장'으로 소개되고 있다. 그가 일본에서 귀국한 직후 양실학원에 부임했을 때 교무를 담당하며 교장직무를 잠시 맡은 적이 있으나 황해도 안악으로 오게 되면서 학교를 휴직했다. 그러다가 1908년 가을학기에 다시 양실학원 교사로 부임한 것이다. 1908년에 양실학원의 학생 수는 1천여 명이며, 교직원 수는 5·60여 명에 이를 정도로 크게 발전하면서 학교측에서는 최광옥의 지도를 필요로 했다.

1908년 양실학원 중학부 1학년에 재학중이던 백영엽 목사는 최광옥이 양신학원에 부임할 때 부두까지 마중 나가 환영했다고 한다. 배영엽 목사는 1910년에 양실학원을 졸업한 후 중국으로 유학하여 북경 회문滙文학당과 남경의 금릉金陵대학을 졸업하였다. 한 때 안창호를 도와 대한민국 임시정부에서 활동하기도 한 백영엽 목사는 그 때를 이렇게 기억하였다.

> 그날 우리 학생들은 80명은 기대와 호기심에 가득차서 선생님이 오시리라는 부두까지 나갔다. 이윽고 통통선 한 척이 부두에 닿았고 거기에는 검은 수염에 갓을 쓰신 젊은 분이 내렸다. 우리들은 수근거리면서 서로 얼굴만 쳐다볼 뿐이었다. 왜냐하면 그 당시 선생님이라면 반드시 양복을 입고 중절모를 쓰리라고 생각했는데 그날 그 통통선에서 내린 이는 고유한 한복차림이었기 때문이다. 그러나 우리의 수군거림은 잠시 동안이었고 곧이어 환호와 박수갈채가 터져 나왔는데 바로 이 분이 근대 한국민족사의 숨은 공로자이며 애국자요, 교육자인 최광옥 선생이시다. 그때 최선생은 양복에 중절모를 쓴 어느 선생보다도 우리들에게 친근한 첫 인상을 남겨주었는데 그토록 깨끗하고 품위있는 애국자의 인상은 60년이 훨씬 지난 오늘까지도 내 머리 속에서 사라지지 않고 남아있다.

양실학원은 교회 학교로 출발한 만큼 모든 교과가 종교 중심으로 구성되었다. 모든 교과수업이 시작되기 전 기도로 시작하는 것이 관례였다. 그러나 그가 취임한 이후에는 이 관례를 깨고 학생들에게 애국가 제창으로 학과를 시작하도록 조치했다. 이러한 그의 조치를 선교사들은 마땅치 않게 여겼음은 물론이다. 선교사들은 양실학원이 기독교 전교를 최고의 교육목표로 한 미션스쿨이기를 원했기 때문이었다. 당초 문화전파를 통해 민중의 관심을 끌어들여 교회로 인도했던 선교사들이지만 한국인들이 기독교신앙을 통해 만민평등과 독립의 정신을 추구하며 민족구원의 가능성을 열어가자 이를 환영하지 않았다. 최광옥은 어느 누구 못지않게 깊은 신앙심을 갖고 있었지만 그의 교육목표와 방법은 선교사들이나 기독교 전도활동에 충실했던 교사들과는 달랐다. 신앙적 욕구보다는 민족구원의 욕구가 우선적이어서 선교사들과 갈등을 빚었지만 자신이 기독교 신앙을 통해서 민족구원의 의미를 깨달았듯이 기독교 신앙은 민족구원의 신념과 상통하는 것이라 믿었다.

양실학원의 중학과정은 서울 연동의 경신학교와 교과 과정을 그대로 가져와 편성하였다. 그것은 최광옥이 경신학교에서 교편을 잡았을 당시 자신이 교과과정을 짜던 경험을 양실학교에 그대로 접목했기 때문인 듯하다. 양실학원 중등 3년 교과과정을 보면, 성경·한문·사서·동·서양역사·만국지지·지문학·생리중등·물리중등·화학·국가학·부기·교육사·작문·분수·기하 초등·도서·음악·영어·일어·체조 등이다. 종교교과는 성경과목 외에는 설치하지 않았다.

그의 확고한 민족주의 교육관의 영향을 받아 양실학원은 민족과 신앙이 공존하는 학교로 변모하였다. 양실학원에는 그 외에도 유여대·조학선·이성하·배신희 등이 교사에 복무하고 있었으며 이상련과 장신희 교사가 여자교육을 도맡았다. 그가 이 학교에 전파한 민족정신의 유산은 이후 3·1운동 때 양실학교 교사인 유여대 목사를 중심으로 일어난 의주 만세운동에서 확인될 수 있다.

양실학원 교사로 부임함에 따라 평양에 거주했던 최광옥의 가족들은 의주로 이주했다.

안악의 제2회 하기사범강습회를 열다

1907년 12월 이승훈이 정주에 설립한 오산학교와 1908년 9월 평양에서 설립한 대성학교는 신민회 교육구국운동을 실천한 대표적인 학교이다. 이 외에 전덕기 목사의 상동청년학원, 남궁억의 현산학교, 김구의 양산학교, 김홍량의 양산중학교 등 많은 학교들이 민족사립학교로서 시대적 임무를 담당했다. 이들 학교들은 교육 정신을 1) 자아혁신과 자기 변화를 통해 민족혁신과 민족발전을 위한 교육, 2) 인재를 배양하여 국가의 기초를 이루고 국민의 지식을 높여서 국권을 회복하는 교육에 두었다. 최광옥이 참여했던 교육구국운동은 신교육의 모범이 되는 한편 민족교육에 모범적인 전당으로 발전했다. 한편 최광옥에 의해 실행된 사범교육과정에서 교사로 양성된 청년들은 어려운 여건 속에서 학교를 세워 신교육과 함께 청소년들에게 애국사상과 독립사상을 주지시켜 그들의 세계관을 변모시켰다.

안악에 모인 인사들은 안악면학회를 중심으로 사범강습회를 성공적으로 마친 후 문맹에 처한 민중에게 신교육을 통해 이 나라의 동량이 되어 민족과 나라를 구하고 민중 속으로 들어가 더 많은 인재를 양성하도록 독촉했다. 그리하여 한 사람이 열 사람을 교육하고, 그 열 사람이 백 사람을, 백 사람이 천 사람을 맡아 교육함으로써 이 민족 모두가 새로운 지식에 눈떠 자강해야 한다고 강조했다. 과거 양반의 지배만 받는 하층민이 아니라 이 땅의 인민들은 새로운 국민으로서 천부의 권리를 갖고 이 민족과 나라를 이끌어나갈 주인임을 자각하도록 해야 했다. 즉 국가의 주인이 국민임을 계몽시켜, 자신의 권리를 찾도록 깨우쳐야 했다.

1908년 하기에도 안악면학회의 제2회 하기사범강습회는 어김없이 열렸다. 제1회 하기사범강습회의 성공으로 제2회 하기사범강습회에는 1개월의 단기 강습회였지만 인근 지역 평안 남·북도의 유지 교육자들은 물론 멀리 경기도와 충청도 등에서도 보통학교 교사들과 교사가 되기를 희망하는 청년들 400여 명이 모여들었다. 황해도에서는 교육에 종사하는 인사라면 촌 동리 글방 훈장까지 모여들었다고 한다. 이들 강습생들은 갑·을·병 3반으로 나누어 교육을 받았다.

제2회 하기사범강습회는 교육과정을 무사히 마치고 8월 13일에 수강생들에게 시험을 치르게 하여 갑·을·병반의 수강생 각 2명·3명·2명이 우등생으로 선정되었으며 각 반의 급제생 30명에게 수업증서가 주어졌다.

안악면학회의 사범강습회를 수도한 최광옥은 아무런 보수없이 희생적으로 봉사했다. 더욱이 병마에 시달리면서도 혼신의 힘을 다하는 그의 모습을 보며 안악의 동지 어느 누구도 자신에게 주어진 임무를 게을

이승훈이 설립한 정주 오산학교 제2회 졸업식 광경
졸업생 모두가 태극기를 들고 있다.

리 할 수가 없었다. 최광옥의 지도 아래 김용제의 사업 추진력과, 송진호와 양성진 등 많은 이들이 사명감을 갖고 협력했다. 특히 김용제는 많은 사재를 투입하여 각 지사들에게 유숙할 수 있는 편의를 제공했다. 사범강습회에서 최광옥은 과학과 역사와 국어 과목을 가르쳤다.

 사범강습소의 하루 일과가 끝난 후에도 처음 과학이라는 학문을 접한 강습생들의 질문은 이어졌다. 그럴 때면 그는 일일이 과학적 지식을 알기 쉽게 설명해 주었다. 한번은 방과 후 학생이 찾아와 지구의 자전과 공전에 대한 자세한 설명을 원하자, 그는 둥근 물체를 집고 불빛 가까이 다가가서 불빛을 태양으로 둥근 물체를 지구로 가정하고 둥근 물체를 빙글빙글 돌려 움직여가며 이해하기 쉽게 지구의 자전과 공전의 과학적 지식을 설명해 주었다.

그의 학습 방법은 당시 강습생들에게 지식 전수만이 아닌 가르치는 법에 대해서도 큰 영향을 주었으리라 본다. 이렇게 안악면학회의 명성은 널리 전파되어 나갔다. 그 외에 사범강습소의 교사로는 김홍량, 이시복, 이상진, 한필호, 이보경(이광수), 김낙영·김두화·최재원·도인권, 여교사로는 김낙희·방신영 등이 보강되었다. 여교사 방신영은 그가 특별히 안악에 초빙하였고 여자강습소를 열도록 배려했다.

방신영과의 인연은 최광옥이 서울 연동의 경신학교에서 교편을 잡고 있을 때에 이루어졌다. 타지에서 부실한 식사로 고통받고 있을 때 그는 경신학교에 재학 중인 한 학생의 집에 초대되어 종종 식사대접을 받았다. 평소에 최광옥 선생을 존경하던 학생은 학교 앞에 있는 자기 집으로 선생을 모시고와 음식솜씨가 뛰어난 어머니께 식사대접을 받을 수 있도록 배려했다. 방신영은 바로 그 집 딸이었다. 최광옥은 방신영에게 어머니의 음식 조리법을 기록하여 과학적으로 연구하도록 일러 주었다. 그는 방신영에게 손맛으로 음식 맛을 낸다고 말하는 것은 과학적이지 못하니 계량을 해서 요리법으로 기록해야만 정확한 맛을 전수할 수 있다는 가르침을 주었다. 그때의 가르침을 명심한 방신영은 모친의 조리방법을 때때로 기록해 두고 1917년에 『조선요리제법』이라는 책으로 출간했다.

이 책은 한국 최초로 발긴된 요리책이 되있다. 이화여사내학교 교수로 있으면서 1954년 이 책을 재출간한 방신영은 이 책 머리말에 다음과 같이 기록했다.

서당을 떠나 신교육을 받고자 모인 학생들

YMCA청년학관의 과학수업 광경

나는 나의 어머니 앞을 떠나지 않고 날마다 정성껏 차근차근 일러 주시는 대로 꾸준히 기록해 놓은 것이 나중에 보니 꽤 많이 적었던 것이다. 한적한 우리 여성 사회에 큰 도움이 되여라 하고 간곡히 일러 주시던 선생(최광옥)의 뜻을 받아 기어이 책을 내기로 하였으니 그 때 내 나이도 어렸고 처음 일이라 미숙품이었으나 『조선요리제법』이라고 이름해서 첫 번 열매를 내어놓기 시작하였던 것이다.

열린 눈과 열린 생각과 열린 마음을 지닌 그의 가르침은 그의 주변인에게 언제나 깊은 인상을 주었으며 사소한 몸짓과 말 한 마디라도 상대에게는 일생의 가르침으로 남았다.
당시 한국의 여성들은 봉건적 사슬에 얽매어 이중의 억압상태에 놓여 있었다. 이러한 여성들을 사회 밖으로 이끌어내어 교육 계몽하는데 누구보다도 큰 관심을 갖고 있었다. 최소한 여성들이 한글을 깨우쳐 문맹에서 벗어나야 한다고 보았다. 여성의 사회활동을 금기시 하며 밖으로 출입을 막았던 시대에 그는 여성이 무지에서 벗어나 과학적 사고를 할 수 있을 때 그 자손 교육도 제대로 자리 잡을 수 있고 수학과 지리·역사를 가르쳐 세계관을 넓혀주고 민족의식을 깨닫게 하고 가정의 일상생활에서도 과학적 지식을 적용할 능력을 갖출 수 있도록 가르칠 것을 주장했다.
어머니가 깨어 있을 때 그 자식들이 오죽 잘 자랄 것인가.

여자는 국민을 산육하는 어미이며 가정을 조리하는 바탕입니다. 따라서 여성이 맡은 임무가 크고 그 책임이 매우 중하다고 하겠습니다.

근대 여성교육의 상징이 된 이화학당의 수업광경

그 자식들이 국가의 인적 재산이 될 것이니, 여성을 잘 교육시키는 것은 지구를 지렛대로 들어 올리는 원리와 같다고 하였다. 이처럼 그는 여성이야말로 이 사회를 건전하게 발전시키는 주요한 존재임을 인식시키고자 노력하였다.

최광옥과 안악의 인사들은 기독안신여학교 찬성회를 만들어 의연금을 모금하여 1908년 안악 기독안신여학교를 건립했다. 모든 이들이 하나가 되어 애국열성으로 학교를 설립하고 학교 설립 취지서를 발표했다.

……금일 우리나라가 독립을 잃고 다른 나라의 '보호'를 받는 처지가 됨은 오로지 지난날 여자를 교육하지 못한 화禍 일이니 앞서의 길을 돌이켜

후철에 경계하며 오늘에는 여자교육을 개설 확장하여 여자마다 그 임무를 감당하게 하고 그 책임을 다하여야 가정이 문명하고 사회와 국가가 문명하여 우리가 잃은 독립을 환수하고 다른 이에게 준 보호를 벗어버리면 금일 여자교육을 실시한 대공훈이니 유지자에 힘써 도모하고 시행을 기대하거늘 어찌 불허를 용납하리오.

이제 이 땅의 여자들에 대한 교육은 모든 교육의 근본으로 여성이 교육받음으로써 가정을 문명되게 하고 가정은 이 사회와 국가를 문명되게 하면 나라의 독립을 되찾을 수 있다고 본 것이요, 이는 바로 그의 여성교육관이 투영되었다고 할 수 있다.

희망과 미래를 향해
해서교육총회를 설립하다

사립학교들이 민족교육을 통해 국가관과 민족관을 심어주고 국권회복 운동을 고양시켜 나가자 일제는 사립학교에 대한 탄압에 나섰다.

1908년 8월 한국정부를 시켜 칙령 제62호로 '사립학교령'을 반포하고 기존의 사립학교와 신설 사립학교는 모두 '사립학교령'에 의해 학부대신의 인가를 받도록 했다. 1909년 2월에 기부금품모집취체규칙을 공포하여 기부금이 중요 운영자금이었던 사립학교에 큰 타격을 준데 이어 4월에 '지방비법'을 공포하여 지방재산과 시장세 및 잡세에 의존하고 있던 지방 사립학교들을 폐교로 몰고 갔다. 이렇게 1909년 5월까지 인가신청을 한 1,824개교 가운데 337개교만을 인가하고 930개교는 불인가 처분했으며, 나머지는 보류시키는 조치를 취하였다. 사립학교의 준공립학교화를 시도하여 통감부의 통제권 안으로 흡수하고자 하였다. 이러한 사립학교의 탄압은 결국 사립학교의 위축을 가져오지 않을 수 없었다.

1908년 8월부터 1910년 5월까지 전국에서 폐교된 학교는 일반(각종)학교 263개교, 종교학교 155개교, 총 378개교에 이르렀다.

이런 상황에서 안악면학회의 제2회 하기사범강습회가 성황리에 끝나자, 그와 안악의 동지들은 큰 자신감을 얻게 되었다. 안악면학회의 위력과 영향력이 증대되어 감을 느낄 수 있었다. 안악면학회의 교육운동은 재령·장연·송화군 등 해서지방 도처로 번져나고 있었다. 자신감을 얻은 그는 일부 지역적 수준에서 벗어나 황해도 일대의 교육기관을 유기적으로 연락·통일하고 주도해 나갈 수 있는 교육연합단체의 추진을 동지들에게 제안했다.

안악에 불붙은 교육열을 주변으로 확대시켜 동일한 교육적 효과를 다른 지방에서도 일구기 위해서는 각 교육 기관끼리 조직적인 연통과 연대가 필요하였다. 최광옥은 김구·김홍량과 함께 의기투합하여 한단계 진보된 교육진흥의 길을 모색해 보고자 '해서교육총회'라는 조직을 결성하기에 이르렀다.

"우리 안악면학회가 이제 안악이라는 한정된 공간을 떠나서 해서지방 전체에 교육구국의 의지를 확산시켜나가야 한다고 봅니다. 그러기 위해서는 해서교육 전체를 총괄하는 명칭이 필요한데, 해서교육총회라고 하는 이름이 어떻겠습니까?"

"그간 우리 안악면학회가 많은 이들의 도움으로 이만치 발전하였습니다. 그것은 우리의 노력도 있었지만 우리 대한의 사회와 국민이 우리를 원하고 있기 때문입니다. 그래서 우리 운동은 해서지방 전체로 확대되어나가야 할 때라고 봅니다. 여러분의 생각은 어떠신지요."
"이제 우리는 교육적 목표만을 세우는 것만으로 만족할 수 없습니다. 우리 민족 모두가 한마음으로, 그리고 배움으로 새로운 세계에 눈을 떠 수난에 빠진 우리 민족을 구할 수 있는 인재들을 양성해야 한다고 봅니다."
"최선생님, 저희가 선생님의 지도만을 바라고 있습니다. 어떻게 도와드려야 할까요?"
"우리의 교육은 목표를 가져야 합니다. 우리는 각 단위 면마다 소학교를 하나씩 세워 그 누구라도 의무적으로 교육받을 수 있도록 합시다. 우리 안악의 교육 열기가 전 해서지방 전체로 번져나가 단시일 내에 교육적 효과를 극대화시켜야 합니다. 우리에게는 시간이 얼마 없습니다."

해서교육총회를 기획하고 실행할 당시 최광옥은 신민회의 황해도 조직 책임자이기도 했다. 최광옥에 있어서 해서교육총회와 신민회는 다른 조직체라 할 수 없다. 신민회는 비밀결사임으로 그 이름을 내걸고 활동할 수 없었지만 해서교육총회의 주요 인물들이 모두 신민회원이었기에 그들의 활동은 곧 신민회 활동인 것이다.

새로이 출범한 해서교육총회는 당대 이름 높은 애국지사들이 망라되어 빠른 시일내에 황해도지역 교육구국운동의 중추기관으로서 면모를 갖추었다. 해서교육총회의 모든 재정적 지출은 안악면학회에서 담당했다. 초대 회장에 송종호, 그리고 대한제국 군인출신의 노백린과 평양 대성학교 학감 장응진의 부친인 장의택이 고문에 추대되었다. 노백린은 군대해산 후 낙향하여 광무학당(풍천학교)의 교장으로서 복무하면서 해

신민회 구국교육사업의 일환으로 설립된 평양 대성학교 교사와 학생들

서교육총회운동에 참여했다. 그리고 김구를 학무총감에 선임하여 실무 책임을 맡기었다. 해서교육총회의 교육단은 각 면마다 소학교 1개씩 설립한다는 목표 아래 우선 황해도에 산재한 구식 서당을 근대적 민족학교로 전환시켜 나가고자 각 지방을 순회하며 교육정황을 살펴보았다.

1908년 8월 22일 오후 3시에 안악군 양산학교에서 해서교육총회가 개최되었을 때 안악면학회의 명성을 듣고 있었던 황해도 각 군의 주요 인사들이 모두 참여했다. 총회에서 참여인사들은 각 군에 소재한 각 학교의 교과 과정을 일치시켜 통일적인 국민교육을 실행할 것을 결정했다. 그리고 봄에 각 군마다 운동회를 거행하며 재정적 손상이 크니 각 군에서 기십 원씩을 수합하여 1909년 봄에 연합운동회는 봉화에서 거행하기로 결정했다.

고난 속에서도
제3회 하기사범강습회를 열다

1909년에 이르자 나라의 정세는 더욱 절박해져 갔다. 일제는 학부를 조종하여 1908년 8월 28일 「교과용도서검정규정」을 발표하고 특히 정치 방면에서 다음과 같은 검정규정을 마련했다. 1) 우리나라와 일본의 관계와 양국의 친교를 방해하거나 비난함이 없는지 2) 우리나라 국시에 어긋나 질서와 안녕을 해치고 국리민복國利民福을 무시함과 같은 언설이 없는지 3) 우리나라에 고유한 국정에 위반함과 같은 기사가 없는지 4) 기교하고 잘못된 애국심을 고취하는 일이 없는지 5) 배일사상을 고취하고 또는 특히 사람들로 하여금 일본인과 타외국인에 대하여 악감정을 품게 함과 같은 시사와 언조가 없는지 6) 기타 언론이 시사평론에 미치는 일이 없는지 등이 그것이다. 규정에 의거해 해당 교과서에 대한 엄중한 검정이 이루어졌다.

그리고 출판법을 만들어 1909년 2월에 이를 공포하였고 5월에 내부

신민회에 가담한 구한국 군인들과 김필순 가족들(뒷줄 왼쪽부터 이갑, 김필순, 노백린, 유동렬, 미상)
이들은 모두 독립운동기지를 창설하기 위해 국외로 망명했다.

內部에서는 검정 결과 8종의 서적에 대해 발매·반포금지 조치를 취하고 해당서적들을 압수했다. 한일관계에 대한 비난·질서와 안녕의 저해·애국심 고취·배일사상 고취 등의 내용을 담고 있는 교과서 출판을 원천적으로 금지시킨 것이다.

이렇게 되고 보니 출간된 많은 애국적 내용을 담고 있는 교과서들은 일제의 검정 규준을 통과할 수 없었다. 당시 일제의 국권침탈 현실을 언급하였던 국어·역사·사회과학·윤리·지리·한문 등의 교과서들이 특히 검정을 통과하지 못했다. 이처럼 일제는 사립학교령으로 사립학교를 탄압하고 교과서 및 일반 출판물에 대해 단속을 가함으로써 계몽운동을 저지시키고자 혈안이 되었다

1909년 8월에 황해도 장연에서 열린 제2차 해서교육총회 정기총회에서 노백린이 회장에 선출되었다. 그리고 같은 시기에 안악면학회 주

최의 제3회 하기사범강습회가 어김없이 개최되었다. 제3회 강습회가 열리는 동안 그 명성은 해서지방을 넘어서 북으로는 의주지역에서 남으로는 배천지역까지 700여 명의 수강생이 몰려들었다. 이 때 장응진·옥관빈이 애국 강연으로 청강생들에게 큰 감명을 주었다. 강사진으로는 최명식·김두화 등과 새로이 이시복·한필호·이상진·박도병 등의 강사진이 보강되어 1개월간의 강의가 열정적으로 진행되었다.

제3회 사범강습회를 마치고 학생들에게는 자랑스러운 수료증이 수여되었다. 수료증을 받은 학생들 개개인은 그간 수업을 받으며여러 차례 강사 선생님들로부터 들었던 민족에 대한 의무와 사명에 대해 되새겼다.

제3회에 걸쳐 실시된 하기사범강습회 과정을 이수한 젊은이들은 교원양성 교육을 마치고 자신들의 연고지로 돌아가 각자 학교 설립에 앞장섰으며 신교육을 담당하는 교사로서의 소임을 소명감을 갖고 충실히 감당했다.

이처럼 안악 지방이 단시일내에 신문화의 메카로 떠오르자 일제로부터 배일의 근거지로 주목받기 시작했다. 최광옥에 의해 지도되었던 안악면학회와 해서교육총회의 눈부신 활약으로 안악지방은 1908~9년 당시 우매한 민중을 깊은 잠에서 깨어나게 했으며 우리도 자강하여 역사의 새로운 장을 쓸 수 있음을 증거하였다.

도산 안창호는 '우리 삼천리 강토 13도마다 안악과 같은 고을이 하나씩만 생겨도 이 나라의 문명은 10년 안에 일본을 따라잡게 될 것이라'고 말했다. 이제 안악은 황해도 제일의 신문화운동의 중심지가 되었으며 그 물결은 황해도 전역으로 전파되어 나갔다.

산업 진흥과 모범농촌 건설에 매진하다

최광옥은 애국교육운동만이 아니고 실업구국운동도 중시하였다. 그간 평양과 안악 등지에 유지 재력가들의 도움을 받으며 교육 사업을 이끌어갔지만 언제까지 이러한 관계를 유지할 수는 없었다. 우리 민족의 실력양성은 교육과 실업, 모두가 성공할 수 있을 때 빛을 발할 수 있다고 보았다. 산업이 발달하려면 여러 기반이 함께 갖추어져야 하지만 워낙 기초가 없는지라 민족산업의 진흥은 교육진흥운동과는 달리 큰 성과를 내지 못하였다.

최광옥은 김용진과 함께 종래 사용하던 베틀보다 훨씬 성능이 좋은 수직기手織機를 서울에서 가져다가 광목 짜는 사업을 벌였다. 그리고 서울에서 담배를 만드는 간단한 기계를 사다가 '안향安香', 즉 안악의 향기라고 이름 붙인 담배를 생산하기도 했다. 당시 일본인들이 연초공장을 만들어 담배를 판매하여 멋대로 이익을 취하자 이에 맞서고자 한 것이다.

김필순
최광옥과 함께 이상촌건설 계획을 구상했다.

제3회 하기사범강습회가 열리는 가운데 안악면학회에서는 산업진흥의 기반을 조성하기 위한 사업의 일환으로 모범적인 농촌을 건설하고자 했다.

황해도 사리원 서쪽 10리쯤에 위치한 누루지라는 곳을 선정하여 중학교도 세우고 그 주변에 모범농촌도 건설할 계획을 세웠다. 1909년 가을에 면학회 회원인 장윤근을 의주에 파견하여 건축용 자재로 쓸 원목을 다량 구입하고 이태건 소유의 토지를 일부 기지로 삼아 공사에 착수하기로 하였다. 이 모범촌 공사의 건설 설계는 신민회 회원인 김필순이 맡기로 하였다.

김필순은 황해도 장연군 대구면 소래마을 출신이다. 이곳은 한국인들에 의하여 세워진 독립적인 최초의 장로교 기독교 교회가 세워진 곳이다. 1900년 당시 소래마을에는 단 한명의 기독교인 아닌 사람이 없다고 알려질 정도로 개신교의 요람이 되었던 곳이다. 김필순 위로 형인 김윤방과 김윤오와 여동생 김구례, 김순애 조카딸 김마리아 등 모든 일가가 독립운동에 투신한 명문집안이다.

김필순은 1894년 언더우드에게 세례를 받고 그의 주선으로 서울에 와 배재학당에서 공부했다. 1899년에 제중원에서 설립한 의학교에서 공부하고 1908년 세브란스의전의 첫 졸업생이 되었으며 모교에서 외과

소래마을 김필순의 가족들
앞줄 왼쪽이 김필순이다.

부 의사로 임명되었다. 도산 안창호와 의형제를 맺을 정도로 가까웠으며 도산이 서울에 갈 때면 의례히 김필순의 숙소인 세브란스병원 건너 도로의 김형제상회에 머물곤 하였다. 그의 집은 신민회원의 비밀회의 장소로 제공되었다. 중국으로 망명하기 전까지 병원외래 책임의사였던 그는 세브란스의전에서 해부학·생물학·생리학 강의를 담당하였고, 그가 저서한 해부학·화학 및 외과 총론 등이 의학 교과서가 현재도 남아있다.

김필순은 세브란스 병원이 건축될 당시에 언더우드와 함께 난방과 배관공사를 담당하고 공사장에서 건축을 감독한 사실에서 그가 신민회 이상촌 건설의 마스터플랜을 세울 수 있는 능력이 있음을 알 수 있다. 최광옥과 안창호, 그리고 김홍량, 김필순은 모범촌 건설에 관한 청사진을 그려가며 여러 곳을 답사하고 이상촌 건설의 꿈을 키워나갔다.

그들이 구상했던 모범촌은 철도선이 가까운 곳이나 기선이 드나들만한 해변에 도로를 건설하고 가옥과 학교·병원·도서관·구락부 등 시설을 갖추어 빈민들을 이주시키고 이들에게 농업을 장려하여 문명한 촌락을 설립하고자 했다. 해주 출신으로 신민회 회원이며 105인 사건의 옥고를 치르고 출옥한 후 미국으로 망명한 곽림대가 전하는 김필순의 모범촌 계획은 다음과 같다.

"가옥과 경작할 토지를 인명 수효대로 분배해서 농사를 짓게 합시다. 동네 밖에는 우마 수용소와 농작 기구 창고를 둡시다. 또 공동 목욕실도 건축해서 일을 마치고 돌아오는 농부들이 이들 시설을 마음 놓고 활용하게 하는 겁니다."

"수용소의 사무원들이 우마를 먹이고 농기구를 수선하여 농부들이 다음 날 농사짓기에 편리하도록 해주고 농부들은 일한 후에 목욕을 하고 옷을 갈아입고 각자 가정으로 돌아가는 생활을 매일같이 한다면 즐거운 모범촌이 될 것입니다."

"단란한 가정에 돌아와 식사를 마친 농부는 야간에 도서관이나 야학교 또는 구락부에 가서 피곤한 몸을 쉬면서 실력양성도 하고 여가를 선용할 수 있게 합시다. 그리고 모든 주민들은 누구나 학교에 아이들을 보내고 병원에 가는 환자는 무료로 치료받도록 합시다."

"동네에 사설 경찰을 두어 마을의 치안을 유지하게 하고 농민들의 소비조합을 만들고 동네에는 잡화 상점을 설치하면 생활에 큰 편의를 줄 것입니다. 농기구의 배정과 수리는 말할 것도 없고 각종 생활필수품을 염가로 사들이게 되면 시간 절약과 경제적 편익 또한 이만저만이 아니겠지요."

양기탁
양기탁 집에서 신민회 간부회의가 개최된 후 독립군기지 창건운동은 본격화되었다.

이러한 모범촌을 건설하는 데 소요되는 자본은 이상촌 건설에 동조하는 사람들의 기부금으로 공동개발할 계획이었다. 김홍량과 이태건, 이승준과 정달하, 전봉훈 등 유지들은 자신의 전 재산을 모범촌 건설에 투자하겠다고 서약까지 했다.

농민들에게 나누어 준 토지와 가옥 대금은 매년 농민들의 수확물 중 10분의 1을 받고 10년 내지 20년 후에는 농민들이 자신의 농토와 가옥을 소유할 수 있도록 하며, 학교·병원 등 기타 시설 등의 사업 경비는 농민들 수입을 납세 형식으로 거두어 충당할 계획이었다. 이들 모범촌을 전국적으로 확장시키면 이 나라는 이상적인 문명국가·복지국가로 성장하여 세계의 표본이 될 것이라 확신하며 고무되었다.

그러나 모범촌 건설 준비는 예상치 못하게 안악사건이 터지는 바람에 중단되고 말았다.

안악사건 재판과정에서 일제는 신민회 회원들이 국외에 독립운동기

시베리아 지방총회 제1차 대의회 기념(1911)
일제에 의한 강제병합을 당한 후에도 연해주·북만주 등지에서 독립군기지개척운동은 계속되었다.

지를 건설하고자 했다는 혐의를 강조하며 집요하게 이를 추궁했다. 그것은 1908년 공립협회가 블라디보스톡에 지회를 설립하고 북만주 밀산 봉밀산에 독립군기지건설을 착수한 사실을 안악인사들의 모범촌 건설운동과 신민회 회원들의 서간도지역 답사 등의 활동과 연관지어 추적했기 때문이다.

안악사건과 신민회사건·105인사건 등으로 이어지는 시련으로 그토록 꿈에 부풀던 국내 모범촌 건설은 착수단계에서 중단되고 말았으니 애석한 일이 아닐 수 없었다. 그러나 105인사건 이전 1910년 3월 이후

몽고 치치하얼에서 한인촌을 개척한 김필순과 그의 가족.
김필순은 중국 각지에 흩어져 있는 한인들을 이상촌으로 이주시켜 독립군기지로 발전시키고자 하였다.

신민회는 긴급히 간부회의를 열고 독립전쟁 전략을 채택한 후 독립군기지 창건운동을 본격적으로 시작했다. 국내를 탈출해 나간 신민회 애국지사들과 후일 105인사건의 옥고를 치루고 나온 신민회 인사들이 국외로 망명해 나가면서 모범촌 건설운동은 독립운동기지 개척운동으로 발전되어 국내에서 이루지 못한 이상촌 건설운동은 계속되었다. 신민회원인 이회영 일가는 전 집안이 망명길에 올라 서간도의 유하현 삼원보에 근거를 두고 독립운동기지를 건설 중에 있었다. 세브란스병원 의사 김필순도 105인사건의 검거 소식을 미리 알고 1911년 12월 어느 날 서간도 통화현으로 망명을 단행했다. 그의 망명 소식은 가족들도 모르게 진행되었다. 병원측에는 "신의주에서 난산을 겪고 있는 임산부가 있어 전보로 내게 왕진을 요청하는 까닭에 외출한다"라고 하는 사연을 남겼을 뿐이었다.

김필순은 감시가 심했던 국내 가족들에게는 소식을 전하지 못하고 일본에 유학 중이었던 여동생 김필례에게 지인을 통해 접선했다. 어느 날 손님이 김필례를 찾아와 은밀히 하얀 종이로 꼰 새끼를 전달하였다. 새끼를 풀어보니 조각마다 순서를 적어 넣은 필순 오빠의 편지였다.

> 필례 동생 보아라. 내가 긴 말을 자세히 적어 보내지 못함이 서운하나 지금 형편으로는 어쩔 수 없다. 나는 국내의 일로 일경에 쫓기는 몸이 되어 이곳 서간도로 왔다. 이곳에서 내 인생을 개척할 생각이다. 난 이곳에서 지금까지 꿈꾸어오던 이상촌을 세우고 독립군을 양성하여 우리나라 독립의 기틀을 닦고자 한다. 필례야. 넌 이곳으로 와 그동안 배운 지식을 가지고 교육을 맡아주어야 겠다. 편지를 전해 줄 분을 따라 귀국하기 바란다. 귀국 즉시 가족들을 데리고 서둘러 서간도로 오기 바란다. 이만 총총….

이 편지에서 알 수 있듯이 김필순도 신민회의 동지들과 같이 독립운동기지개척 사업을 실현하기 위하여 망명했던 것이다. 김필순의 가족들은 학업을 위해 다시 일본으로 되돌아간 김필례만 남겨두고 모두 서간도 통하현으로 이주했다. 통하현은 이미 한인들의 촌락이 형성되어 있던 곳으로 김필순은 이곳에서 병원을 열고 병원수입을 모두 독립군 자금으로 내놓았다. 그러나 통화현이 점차 일본인 영향권 안으로 편입되어가자 김필순은 1916년 몽고 근처의 치치하얼이라는 곳으로 이주했다. 이곳에 130여 리의 땅을 구입하고 러시아제 농기구를 사들이며 한인 동포 30여 가구를 받아들여 새로운 이상촌으로 개발하였다.

김필순의 세브란스 의전 후배인 이태준은 경남 함안 출신으로 김필순에 이어 1911년 세브란스 의전을 졸업하고 1912년에 중국 남경南京으로 망명했다. 1913년에 우사 김규식이 몽고에 군관학교를 설립한다는 의무를 띠고 망명했는데 이들은 1914년 몽고 고린에(庫倫, 현재의 울란바토르)서 만나게 되었다. 김규식은 중국과 러시아를 오가는 독립운동가들을 지원하며 제1차 세계대전 이후의 정세변화를 지켜보고 있었고 이태준은 '동의의국'이라고 하는 병원을 개설하여 몽고황실의 주치의가 되었다. 그는 명의로서 이름을 떨치며 많은 돈을 벌어 독립운동을 후원했다. 후일 김규식의 사촌여동생 김은식과 혼인한 이태준은 1921년 레닌 자금을 상해까지 수송하는 임무를 띠고 외몽고를 통과하여 러시아 치타로 들어가는 도중에 러시아 백군 반혁명분자들을 만나 총살당한 것으로 알려졌다.

김규식은 1919년에 김필순의 여동생인 김순애와 재혼했다. 이들 모두는 최광옥을 중심으로 연결되어 있다. 김필순과 이태준은 청년학우회에 가입하여 활동하였고 김규식은 YMCA와 경신학교에서 함께 교사로 복무했다.

1919년 미국에서 대한민국임시정부에 참여하기 위해 중국으로 온 인창호는 흥사단 원동임시위원들과 함께 이상촌의 후보지를 선정하기 위한 노력을 멈추지 않았다. 이후 1925년 만주에서 유일당운동을 전개하

신민회 시절 서간도에 독립운동기지 개척을 검토하고 실행했던 김구·안창호·이탁

던 안창호는 최광옥과 함께 안악면학회를 이끌고 해서교육총회를 지도했던 최명식과 양기탁 등 신민회 동지들과 농민호조사를 결성하고 다시 한번 이상촌건설운동에 착수한 바 있다.

좀처럼 우리 역사에서 모습을 드러내지 않고 덮여져 있던 사실 중에 최광옥이 펼쳤던 이상촌건설운동은 일정한 지역에 모범적 공동체를 건설하여 우리 민족의 생활과 사회·정치문화 전반에서 실험적인 모델을 만들어보고자 했던 시도였다. 그러나 일제의 한국 강제 병합으로 그 실험장은 국내가 아닌 국외의 독립운동기지 개척운동으로 전환되어 나갔으며 신민회의 이상촌 건설운동은 꾸준히 시도되고 계승되었다.

유일한 희망, 청년을 위해
청년학우회를 결성하다

1909년 당시 많은 애국지사들과 학회 및 정치단체들은 여전히 근대화를 둘러싸고 그 방법론에서 의견이 달랐고 일본 침투에 어떻게 대처해 나갈 것인지도 견해가 분분하였다. 그 뿐 아니라 각 결사 단체간의 정치적 욕구에 따른 갈등으로 민족내부는 분열되어 갔다. 당시 계몽운동 단체의 활동 중에는 구국의 의지와는 별도로 '실력양성'만을 내세워 국권회복운동의 흐름을 방해하기까지 하였다.

신민회는 청년층을 새시대의 핵심세력으로 보고 청소년들이야말로 장래 겨레의 주인이며 신국가의 신국민이 될 것으로 보았다. 장년층은 사회적 기반과 사상이 이미 고착되어 그들에게 국민적 자각과 역사적 자각, 사회적 자각을 이끌어냄은 어려운 일이었다. 비분강개하는 이들은 많으나 민족에 대해 진정한 책임의식을 동반하고 주인의식을 갖는 이는 드물었다. 최광옥과 안창호는 신민회 활동과는 별도로 청년운동을 독립시켜 전개할 수 있도록 청년단체의 창립을 추진하였다. 이렇게 신민회 중앙본부가 1909년 8월 창립한 청년운동단체가 '청년학우회'다.

그는 당시 나라 안팎에서 일어나는 혼돈을 지켜보며 이 땅의 젊은이들이 민족의 혼마저 잃어버리지 않을까 깊이 우려하며 안창호와 많은 얘기를 나누었다.

"이제 우리 앞에 펼쳐진 정황에서 계몽 차원의 교육운동과 식산활동만으로는 이 나라와 민족을 지탱할 수 없는 지경에 이르렀습니다. 안 그렇소."
"많은 이들이 교육확장이 중요하다느니, 군무확장을 주창하느니 하지만 일본놈들이 우리의 요구를 들어주지 않을 것입니다. 나라를 잃고서 우리 국민이 노예로 전락한 후에야 무슨 의미가 있겠습니까? 우리의 노력과 바램과는 달리 이미 군인들은 해산당하고 군대조차 갖지 못하게 되었으니 장차 이 땅을 누가 지킬 것인지 심히 우려됩니다."
"아무래도 이대로라면 일본은 조만간 우리나라를 저들의 노예국으로 만들고 말 것입니다. 그렇다면 우리는 일본과의 전쟁도 불사해야 할 것입니다."
"일본놈들이 우리를 '보호국'이라 떠들고 있고 내정에 독립을 보장하고 우리 국민들 중 유력한 정치단체에게 정권을 이양한다고 떠들고 있는데, 이런 가당치 않은 회유책을 받고 일본놈들에게 협력하는 이들이야말로 어리석기 그지없는 자들이지요."
"나라와 민족이 멸망해 노예로 전락할 지경에 처했는데 서로 정치싸움이나 하고 일진회와 같은 매국노들은 저리도 설치고 있으니 장차 이 나라와 민족의 혼마저 상실할까 두렵습니다."

"우리의 젊은 청년들이 건전한 정신을 놓지 않고 민족혼을 유지하고 독립정신을 가져야 합니다. 그 것만이 이 나라와 민족이 살 길입니다."

"이제 우리는 국권회복의 시기를 잃어버린 것 같습니다. 이제 우리나라와 민족을 지킬 수 있는 것은 국민들의 노예근성을 타파하고 확실한 독립정신을 그 뇌리에 키워주고 언제든지 독립전쟁이 일어났을 때 그들이 나라를 지킬 수 있도록 독립전쟁을 준비해 나가야 합니다."

"청년단체를 조직하여 순수한 청년들이 이 나라와 민족을 지켜나갈 수 있도록 인재양성에 전념해 주세요."

이 시점에서 안창호가 청년운동의 중임을 맡길 수 있는 이는 최광옥뿐이었다. 안창호는 최광옥을 미국 독립을 이끈 조지 워싱턴의 인물됨과 견주었다. 그리고 청년학우회 일원의 모델은 최광옥이었다. 최광옥은 황해도지역에서 교육구국운동과 사범교육운동을 성공적으로 수행한 후 서울로 와서 청년학우회 운동의 기초를 마련하고 조직 결성에 들어갔다.

청년 중심의 '정신단'을 만들어 신민회 운동에 인적 자산을 만들어가고자 했던 안창호와 최광옥은 앞으로의 실천운동이 성공하기 위해서 무엇보다도 중견의 인재를 키우는 일이 시급하다는데 의견 일치를 보았다. 신민회의 청년조직인 청년학우회의 조직 준비는 아이디어가 뛰어난 최광옥이 맡았다. 그의 병세가 깊어짐을 모르는 바 아니었지만 이 방면에 뛰어난 그였기에 그가 아니면 할 수 없는 일이라고 생각했다. 국권회복을 위한 막중한 임무를 띤 청년학우회는 겉으로는 비정치적인 인격수양 단체임을 표방하고 출범하였다. 청년학우회의 모델로 삼은 것은 청년이태리당이었다.

청년학우회 결성과정에서 그는 안창호와 긴밀하게 논의하고 모든 일을 의논하며 실행했다. 안창호는 '한국 청년 중 제일 머리 좋은 사람이며 장래가 촉망되는 지도자 재목'이라고 최광옥을 극찬했다. 춘원 이광수는 일본에 유학 중인 1908년에 잠시 귀국해 안악면학회 제2회 하기사범강습회에 교사로 참여한 바 있는데, 그때 최광옥과 가까운 사이가 되었다. 이광수는 그를 이렇게 기억했다.

> 그는 아직 청년이었으나 기독교인으로 조행操行이 심히 깨끗하고 애국지사요, 또 국어를 연구하여 우리나라에서 최초의 문법을 저작하였으며 문재도 언변도 있었고 도산의 민족향상사상과 방책에 전폭적으로 공명하였다. 도산의 생각에 최광옥으로서 청년학우회의 인격자의 모범을 삼으려 하였다.

안창호는 최광옥과 같은 이들이 우리 민족국가의 신민으로 거듭 날수 있다면 이 나라를 구하여 새로운 국가를 건설할 수 있으리라 생각했다. 일제의 강제 병합과 함께 더 이상 지속될 수 없었던 청년학우회를 안창호는 다시금 미국한인 동포사회에서 되살리고자 하였다. 1913년에 미주 샌프란시스코에서 청년학우회와 동일한 취지로 흥사단을 결성했다. 흥사단의 역사적 연원은 청년학우회인 것이다.

신민회와는 달리 공개적인 결사로 출범한 청년학우회의 취지서는 단

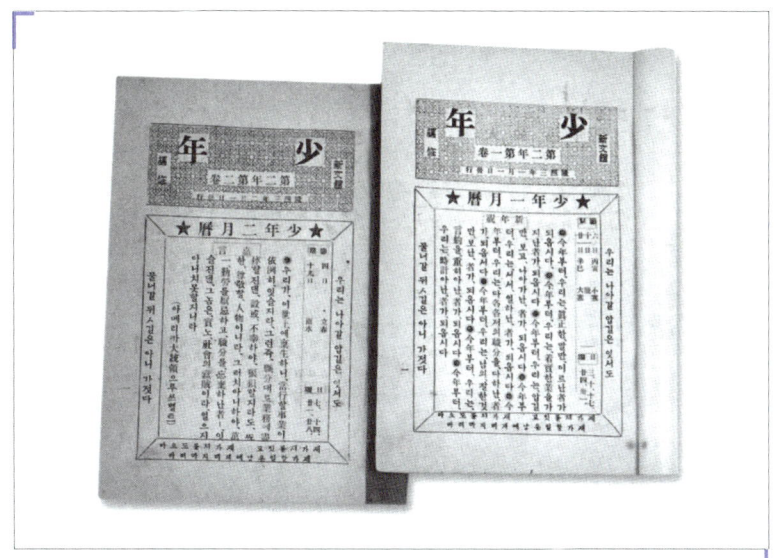

청년학우회 기관지 「소년」 창간호

재 신채호가 기초하여 『대한매일신보』와 청년학우회의 기관지였던 잡지 『소년』에 동시에 공포했다.

위로는 선민의 유서遺緒를 결結하여 그 단점을 버리고 그 장점을 보하며 아래로는 동포의 선구를 이루어 그 위험을 뛰어넘고 그 이夷에 취할 자는 즉 우리 일반 청년이 그 사람이다. 고로 청년은 일국의 사명이며 일세의 도사導師이어늘 나와 우리나라는 이래로 설담퇴수舌談退守를 도덕이라 하며 편벽고루偏僻孤陋를 학술이라 하고, 사위무실詐僞無實을 능사라 하며 오산결렬澳散決裂이 성습成習되어 풍속이 일퇴하고 인심이 날로 부패하여 청

청년학우회 취지서를 작성한 신채호(왼쪽)

년사회에 일점 태양이 비취지 않으므로, 그 나이는 청년이로되 그 기력의 피폐는 노년과 같으며 그 외모는 청년으로되 그 지식의 몽매는 어린아이와 같으니 청년 청년이여, 이것이 어찌 청년이리오. 목하 문명의 맹렬한 조류가 닫친 문의 완몽頑蒙을 타경打驚하여 천리에 급을 부負하고 내두來頭의 정도를 찾는 자는 한결같이 많으나 단 부패한 옛풍속을 개혁하고 진실한 풍기를 양성하려면 학술기능으로 그 공을 거둘 바가 아니며 언론 문장으로만 그 효과를 아뢸 바 아니요, 불가불 유지 청년의 일대 정신단을 조직하여 심력을 일치하며 지식을 서로 교환하여 실천에 힘쓰고 전진을 획책하며 위험과 편안함을 하나로 보며 고통과 즐거움에 서로 구제하고 유속流俗의 광란을 가로막으며 전도의 행복을 구하여 유신의 청년으로 유신의 기반을 책策할지라. 고로 본회를 확립코자 취지를 발하여 우리 청년계에 선포하니, 생각하라 우리 유지청년이여.

청년학우회가 합법적 단체로서 부쳐진 공식 명칭이라면 신민회 회원들간에는 '정신단'이라는 표현을 쓴 것으로 보인다. 청년학우회취지서에서 '유지청년의 일대 정신단'으로 세우고자 함은 청년들이 정치물에 빠져 일제에 이용당함을 배제하고 '진실한 민족의 혼의 자각으로서 진실한 독립국가를 찾자는 것'이며, 인격적 수양과 실력을 갖춘 참된 인재를 양성하고자 한 것이다.

안창호가 블라디보스톡을 거쳐 미국으로 되돌아간 후 러시아와 만주 등지의 애국지사들과의 편지에서 자주 언급한 '정신단'이란 바로 국내에서 이루지 못한 청년학우회의 청년운동을 계승하고자 한 것이다.

그는 청년학우회의 회원을 모집하고 결사체로서 실체를 갖추기까지 실무를 보며 열심히 뛰었다. 청년학우회를 결성하고 지도해 나가기까지 그는 안악면학회와 해서교육총회에서의 일을 잠시 접고 청년학우회를 발전시켜나가는 데 전력을 다했다. 그의 병이 깊어져 심신이 피로했던 시기였음에도 청년들을 인격수양과 함께 민족의 장래를 책임질 수 있는 중견의 지도자로 키워 이 시대가 요구하는 인재를 배출하여 신민회를 이끌어나감 저변을 이루고자 했다.

청년학우회의 초기 집행을 담당한 설립위원회 초대 위원장은 윤치호, 총무는 안태국, 서기는 옥관빈이었다. 1910년 3월 윤치호가 교회의 일

흥사단 원동임시위원부
흥사단은 청년학우회의 정신을 그대로 계승하였다. 원동위원부는 안창호가 상해 대한민국임시정부에 참여하면서 중견의 청년인재를 양성하고자 결성했다.

로 도미渡美하게 되어 사임하자 임원을 개편하여 설립위원장에 박중화, 총무에 최남선이 선출되었다.

윤치호는 '105인사건' 공판정에서 청년학우회는 신민회의 선발대로서 조직되었으며 자신은 이승훈의 제의를 받아들여 청년학우회의 조직을 추진했다고 진술하였다. 안창호는 1920년에 상해에서 흥사단 원동위원부 단원을 상대로 흥사단 역사를 강의했을 때, 남방에서는 최남선, 북방에서는 최광옥을 통해 3백 명 이상의 청년이 들어왔다고 회고한 바 있다.

청년학우회의 회원은 통상회원과 특별회원으로 나누고 통상회원의 자격은 만 17세 이상의 청년으로서 중학교 이상 정도의 학업을 이미 받았거나 현재 받고 있는 자, 품행이 단정하고 국법에 의해 처벌받은 일이 없는 자로 규정했다. 특별회원의 자격은 연령제한 없이 이 회의 목적을 이행할 만한 인사로서 의연금 5원 이상을 내고서 이 회의 인정을 받은 자, 이 회에서 특별히 허락을 얻어 가입한 자로 하였다. 청년학우회원으로 입회하기까지는 까다로운 심사를 거치고 자격요건도 제한되어 민족의 지도자가 되기 위해서는 어느 정도 자질이 검증된 자로 입회하도록 했다. 통상회원은 물론이고 특별회원도 청년학우회에서 정한 조교와 요구를 준수하도록 의무를 부과하여 처음부터 궁극적으로 국권회복을 위해 헌신을 요구하는 결사체로 출발했다.

청년학우회는 총회와 연회로 나누어 조직했다. 회원 50명 이상이 집합된 경우에는 연회를 성립케 하고 연회 7개 이상이 성립된 경우에는 총회를 조직하도록 하였다. 총회가 성립되기 이전까지는 설립위원회가 총회를 대리토록 했다. 또한 지방에도 연회를 두되 이때에는 발기위원 중에서 시찰위원을 파견하여 이를 심사해서 승인하도록 했으며, 지방연회에는 의결기관인 의사부를 두도록 했다.

청년학우회는 1909년 8월에 중앙본부가 창립되었다. 한성연회는 1909년 11월에 박중화 등 30여 명의 설립 지원자가 설립위원회에 청원서를 제출했다. 이때 최광옥이 시찰위원으로 파견되어 심사한 후 1910년 3월 12일 정식으로 인허장이 교부함으로써 한성연회가 설립되었다. 평양연회도 1909년 가을에 연회 설립을 청원했는데, 그가 역시 시찰위원의 자격으로 1910년 4월 초순에 평양에 파견되어 연회 설립의 상황을 시찰했다. 그러나 그는 평양 연회의 설립 임무를 완수하지 못했다. 아마도 건강이 악화되면서 임무를 수행할 수 없었던 것 같다. 그를 대신해서 최남선이 시찰위원으로 임명되어 평양에 파견되어 그 임무를 마쳤다. 한성연회 임원은 규칙에 의거해 회장 조병학, 부회장 노기승, 총무 이동녕, 의사원 김인식·김도희·장도순·박찬익(후에 신백우)·이회영·이상익·윤기섭(후에 구자흥)·최남선·박중화·옥관빈, 그리고 의사원 서기에 이규봉 등이 선출되었다.

한성연회에 이어 1910년 6월에 평양연회와 의주연회가 설립되었다. 이밖에 정주·곽산·선천·용천·진남포 등에도 연회 설립을 준비하였으나 조직 도중에 경술국치를 당하고 청년학우회는 강제 해산 명령을 받았다.

청년학우회는 그 목표가 되는 강령을 무실務實·역행力行·자강自强·충실忠實·근면勤勉·정제整齊·용감勇敢 등으로 정하였다. 그리고 이를 위한 훈련방법을 덕육德育·체육體育·지육智育으로 나누어 다음과 같이 설정했다.

(1) 덕육

① 덕육을 위한 강연 ② 품행의 지도와 감독 ③ 근검저축의 장려 ④ 청년학생의 가능한 공공사업의 실행 ⑤ 자강·충실·근면·용감·정신의 고취.

(2) 체육

① 위생상 조심할 사항의 수시 훈시 ② 운동장의 설비 ③ 순회경기의 실행.

(3) 지육

① 기관잡지의 간행 ② 유익한 서적의 간행 ③ 도서관의 설립 ④ 순회강연의 실행 ⑤ 토론회와 강연회의 실행 ⑥ 간이 박물원의 설립.

오늘날까지 단체가 존속하고 있는 흥사단의 무실역행務實力行, 충의용감忠義勇敢의 정신은 바로 청년학우회의 정신이며, 이는 당대 청년들에게 가장 요구되는 애국의 정신이기도 하였다.

연회의 활동은 한성연회의 활동을 통해서 확인할 수 있다. 한성연회는 주로 강연회와 음악회를 개최하고 '도서종람소'를 설치했다. 도서종람소는 오늘날 도서관으로 여러 기관과 애국계몽운동가들로부터 도서를 기증받아 설치했고 청소년들과 시민들에게 의식세계를 열어주고 세계관을 바꿔줄 수 있는 도서를 열람시켰다. 매월 공개로 개최된 강연회는 청년층의 정신교육과 국민계몽을 담당하였다. 그리고 매월 개최한 음악회에서는 애국가요를 보급해 애국심을 고취하였으며 김인식의 지도로 '청년학우회가'를 전파하였다. 가사는 최남선이 짓고 곡은 김인식이 작곡했는데, 청년학우회의 정신이 잘 나타나 있다.

> 무실역행 등불 밝고 깃발 날리는 곳에
> 우리들이 나갈 길이 숫돌 같도다.
> 영화로운 우리 역사 복스러운 국토를
> 빛이 나게 하향으로 힘을 합쳤네.
> 용장하는 조상의 피 우리 속에 흐르니
> 아무러한 일이라도 겁이 없도다.

지성으로 이루려고 노력하는 정신은
자강 충실 근면 정제 용감이로세.

청년학우회는 창립 후 얼마되지 않아 일제에 의해 해체되었으나 그사이에 청년학우회에 가입한 회원들은 민족운동의 중견으로 성장해서 국권회복운동·독립운동에서 중요한 역할을 수행했다. 정영도, 곽림대, 이일과 오하림, 박선, 박영실, 김여제, 이규서, 차리석, 이유필 등은 후일 미국과 중국으로 망명하여 흥사단에 가입하였고 독립운동에 참여하였다. 이들은 대성학교, 숭실중학교, 양실학원 학생 출신으로, 이들 또한 최광옥의 권유로 청년학우회에 가담했을 것으로 보인다.

청년학우회는 1910년 8월 29일 일제가 한국의 완전 식민지로의 병탄 강점을 발표하고 이어서 모든 한국인 단체의 해산을 명령하여 강제 집행하였기 때문에 1910년 8월 말 강제 해산당하고 말았다.

서간도 군관학교 설립을 계획해 가다

1909년 6월 이토 히로부미가 통감에서 물러나고, 부통감인 소네 아라스케가 2대 통감으로 부임하였다. 1909년 10월 26일 안중근의사가 하얼빈에서 이토오 히로부미를 처단하자, 일제의 민족운동 탄압은 강화되었다. 안중근의거 관련 혐의로 안창호를 비롯하여 이동휘, 유동열, 이종호, 김희선, 이갑 등 신민회원 다수가 체포되었다가 석방된 바 있다. 이런 와중에도 일진회는 사죄단謝罪團과 동아찬영회東亞讚英會를 조직하여 노골적인 친일 망동을 다했다.

이와 때를 같이해 대한 강경파인 가쓰라·야마가타 등을 비롯하여 일진회의 고문인 우치다·다케다·스기야마 등은 일진회를 부추겨 '일한합방'을 성명히도록 조작했다. 일진회는 1909년 12월 4일에 일제병단이 강압적으로 단행되기 약 8개월 전에 합방성명서를 발표한 것이다. 일진회가 발표한 '한민족의 행복과 복지를 위해 한일양국은 합방되어야 한

일본 황태자 요시히토(嘉仁)의 한국 방문 때 일진회가 세운 남대문 앞 환영아치(1907)

일본황태자 일행과 이완용 친일 내각

다'는 내용의 성명은 한국민의 격분을 불러일으켜 성토와 규탄의 대상이 되었다.

『대한매일신보』는 지상을 통하여 이를 '노회선언奴會宣言'이라 혹평하고 중추원의장 김윤식 등은 송병준·이용구의 처형을 정부에 건의하였다. 일진회의 친일행위를 규탄하는 여론이 들끓자 일부 회원 중에서 탈퇴하는 자가 속출하였고 민중이 일진회원들을 습격하여 이용구와 우치다도 일본헌병대에 신변을 보호받아야 할 처지가 되었다. 그러나 이용구 등 일제 앞잡이들과 고문인 우치다 등이 결탁하여 일진회의 외곽 단체인 한성보신사·대한상무조합소·국민동지찬성회 등 유명무실한 10여 개 단체를 사주·매수해서 일진회의 합방성명서를 지지하도록 조작하고 일제 병탄을 합리화하는 망동을 서슴지 않았다. 일제는 이를 들어 합방조치는 결코 일제가 강압한 것이 아니라고 억지를 부렸다. 오늘날까지도 일본 우익세력들은 이 사실을 들어 일제의 한국병합은 한국인의 청원에 의하여 합법적으로 진행되었다는 망발을 하는 근거가 되고 있다.

1910년 5월에 소네 통감의 갑작스런 죽음으로 데라우치 마사타케가 통감으로 부임하면서 그는 「한국병합실행에 관한 방침」에 따라 7월에 「병합처리방안」을 성안하고 그들의 각의를 거쳐 한국의 병합 계획을 착착 실행하였다.

테라우치 통감은 계몽운동과 의병항쟁으로 전개되는 항일운동을 전면적으로 막아야 했다. 그들의 고민 중에 가장 큰 것은 국권회복운동이 가장 활발하게 전개된 서북지방의 애국지사들을 민족운동으로부터 차단시키는 것이었다.

제3대 통감 테라우치 마사타케의 부임 행렬
그는 병합을 단행하고 초대 조선총독이 되었다.

애국지사에 대한 감시가 강화되면서 도산 안창호를 비롯한 신민회의 애국지사들은 더 이상 국내에서의 활동이 불가하다고 판단하고 해외 독립운동기지 개척 사업을 추진하기 위해 1910년 4월 중 국외로 탈출해 나갔다.

최광옥 역시도 일제가 권력을 장악하고 한인의 자유를 억압해 나가자 국내보다는 국외에 모범촌을 개척할 것을 동지들과 의논했다. 사실 최광옥은 안창호 등 신민회 동지들과 이미 1907년 8월 대한제국의 군대해산이 있은 직후부터 독립운동기지 개척과 독립군 창건 문제를 진지하게 검토하기 시작했다. 이미 북만주 밀산 봉밀산에서는 미주 한인들에 의해 설립된 태동실업주식회사가 투자한 개척사업이 진행중이었다. 최광옥은 북만주 지역과 연결되어 있고 재러한인 사회와도 연결될 수 있는 중국 길림 지역이야말로 독립운동기지로 적당하다고 보았다.

신민회사건과 105인사건 때 신민회원들에 대한 심문조서에서 신민회원들은 독립운동기지 개척 사실여부를 추궁하는 심문에 대해 완강히

부인하였다. 그러나 평안남북도의 신민회 조직을 관장한 최광옥 권유를 받고 신민회에 가입한 김시점과 이기당, 지상주 등은 신민회의 목적이 무엇인가라는 질문에 다음과 같이 진술했다.

> 교육을 성하게 하는 것이 목적이지만 그것은 표면상이고 무슨 일이든지 상부의 명령에 따라 해낸다는 것이 목적인데, 그럼에도 불구하고 그 후 최광옥은 황해도로 이사했으며 다음해(1909년) 7월 칠현에 있을 때 신민회의 목적은 서간도에 무관학교를 설립하여 청년들을 교육하고 일·청, 일·미전쟁이 일어나면 독립전쟁을 일으키며 그동안 7적 대신과 통감을 암살하는 것이다.

이처럼 최광옥은 그는 신민회 회원을 영입하면서 그들에게 신민회의 목적이 서간도에 무관학교를 설립하여 청년을 교육하는 일임을 분명히 주시시켰던 것이다. 군대해산 이후 신민회 인사들이 독립운동기지로 주목했던 곳은 압록강 건너의 서간도 지역이었다. 이곳에는 이미 이주해 농사짓는 동포들이 상당수가 되었다. 신민회는 이들 이주 동포들의 실태를 먼저 시찰·파악한 후에 장래 서간도로 이주할 계획을 갖고 있었다.

그래서 1909년 10월 최명식은 서간도 실태 조사의 임무를 띠고 안악을 출발했다. 최명식은 백 원의 여비를 준비해 사리원에서 기차를 타고 신의주에서 내려 북하동에서 배로 압록강을 건너 안동현(지금의 단동)으로 갔다. 그 곳에서 다시 기차를 타고 봉천으로 갔다. 중국어가 통하지 않아 활동에 불편함을 느낀 그는 어학공부를 위해 우선 북경으로 가서 그곳을 근거로 활약하고 있는 신민회원 조성환을 만났다. 그러나 짧은 시간에 어학을 해결함은 불가능하다는 사실을 깨닫고 일단 의주로 다시 돌아왔다.

최명식은 또 다시 압록강을 건너 안동을 경유하여 12월 경에 서간도에 도착했다. 부지런히 환인과 집안·임강 등지의 한인촌을 돌아보았다. 이듬해인 1910년 3월경에 유인석 의병장의 망명처인 관전현 청산구 고려구를 찾아가기도 했다.

최명식은 산간지역에서 화전을 일구며 비참하게 살고 있는 한인들의 실태를 확인했을 뿐이다. 그 결과 서간도의 한인사회를 기반으로 모범촌을 건설하고자 했던 구상은 수정하지 않을 수 없었다. 최명식은 오히려 안동현에서 중국인들이 독점하고 있는 한중 무역상을 경영하며 상업적 이익을 추구함이 적당할 것이라는 결론을 내렸다.

서간도의 실태를 시찰하고 귀환하는 도중인 1910년 5월 중순, 최명식은 의주를 들러 최광옥의 가족을 대동하고 안악에 도착했다. 그리고 동지들에게 서간도 시찰 결과를 상세히 보고했다.

서간도개척 사업은 청년학우회 한성연회의 대표들에 의하여 이루어졌다. 청년학우회 총무인 이동녕의 만주 파견이 결정되었다. 토지 매수·가옥 건축 등 모든 문제를 위임받은 이동령은 1909년 앞서 서간도로 파견되어 독립운동기지 개척후보지들을 물색했다. 신민회는 각 지방 대표를 선정하여 15일 내에 황해도에서 김구가 15만 원, 평남의 안태국 15만 원, 평북 이승훈 15만 원, 강원의 주진수 10만 원, 경기의 양기탁 20만 원을 조달하여 각 지방대표들을 이동녕의 뒤를 이어 서간도에 파견하기로 의결했다.

후일 이들 신민회 세력은 서간도로 이주하며 유하현 삼원보로 이주하여 황무지를 개척하고 경학사라는 자치단체를 결성했으며 우리 민족 최초의 사관학교인 신흥무관학교를 설립했다.

민족의 구원 앞에
민들레 홀씨로 흩어지다

해서교육총회는 한국 민족주의의 방향을 제시하고 근대적 독립국가 건설을 지향하는 민족역량 창출에 일정한 역할을 담당하였다. 각지에서는 해서교육총회 교육단들이 자기 고장을 방문하여 교육 연설과 강연을 해주기를 요청하였다. 최광옥의 건강은 날로 악화되어 갔지만 그에게 지어지는 짐은 나날이 늘어갔다. 더욱이 1910년 4월에 망명길에 오른 안창호는 신민회의 전도와 지도를 그에게 부탁했다.

최광옥은 사람을 대할 때 언제나 부드러움과 겸손함으로 대면하여 젊은이들에게 깊은 감명을 주었다. 몸이 일을 감당하지 못할 때는 김필순 의사가 복무하는 남대문 세브란스병원에 입원해 휴식을 취하곤했다. 그가 세브란스병원에 입원했을 때 김동원이 문병갔던 적이 있었다. 최광옥은 병상에 누어있으면서도 기울어가는 나라 일을 한탄하며 걱정하였다. 김동원은 병원비용에 보탬이 될까하여 조심스레 금일봉을 내놓았을

1904년 새로이 건축된 세브란스 병원
최광옥은 김필순의 권유로 그가 의사로 재직중인 세브란스 병원에서 치료를 받곤했다.

때 그는 거절하지 않고 이를 받아 베개 밑에 넣어두었다. 그때 마침 한 청년이 그를 찾아와 병문안했다. 청년이 돌아가려하자 최광옥은 청년을 부르더니 김동원에게 받은 돈을 세어 보지도 않은 채 그대로 베개 밑에서 봉투채 꺼내 청년에 주었다. 그리고 '가지고 가서 일하는데 보태쓰라'고 일렀다. 청년은 감사하다는 인사를 남기고 병실을 떠났다. 김동원은 자신의 성의를 무시하는 것 같아 섭섭한 마음에 그에게 항변했다.

"아니 그 돈은 선생께서 쓰시라고 드렸는데 얼마인지 알아보지도 않고 그대로 주어버리십니까?"

그러자 최광옥은 싱긋이 웃으며 부드러운 음성으로 말했다.

"김장로, 나에게 고마운 뜻을 준 것은 내가 필요할 때 쓰라고 준 것이 아니겠소. 이제 그 청년이 그 돈을 가지고 가서 활발하게 일을 한다면 나에게 그 보다 더 필요한 일이 어디 있겠소."

사람을 대할 때 늘 명랑하면서도 부드러운 인성을 잃지 않아 감동을 주었던 그였으나 병이 깊어지면서 나날이 창백하고 수척해졌다. 언젠지 모르게 열정적으로 강연하다가 각혈을 하곤 했다.

점차 몸이 쇠약해져 감을 느낀 그는 자신에게 시간이 얼마 남지 않았음을 알았다. 주변에서는 좋은 영양과 휴식으로 몸을 돌보아야 한다고 충고했지만 그에게 휴식은 사치일 뿐이었다. 이 나라와 이 민족이 처한 상황을 청년들에게 알려야 했고 이 땅의 젊은이들이 해야 할 일이 무엇인지 각성시켜야 했던 것이다.

해서교육총회 학무총감인 김구가 황해도 전역에 학교를 설립하기 위해 각 군을 순행했을 때, 최광옥은 일일이 동행하지 못했다. 그러나 해서교육총회 교육단이 배천·송화·장연·순택·신화 등 여러 군·면을 순회할 때면 군수를 비롯해 마을 유림까지도 열렬히 환영했다.

김구가 배천 군수 전봉훈의 청에 의해 교육단을 이끌고 배천읍에 당도했을 때, 군수는 각 면에 훈령을 내려 읍내에 나이 많고 식견이 높은 사람과 신사紳士(벼슬하지 않는 선비)들을 오리정에 소집하였다.

전봉훈 군수가 먼저 '김구선생 만세'를 부르자 군중이 따라 제창했다고 한다. 김구는 '만세' 두 글자는 황제에게만 사용하는 축사요, 황태자에게는 '천세'를 부르는 것만 알고 전군수의 입을 막으며 망발이라고 말하자 전군수는 김구의 손을 잡으며 다음과 같이 말했다.

"김선생 안심하시오. 내가 선생을 환영하며 만세를 부름이 통례요 망발이 아닙니다. 친구 상호간에도 보내고 맞이함에 만세를 부르는 터인즉 안심하고 영접하는 여러 사람과 인사나 하시오."

광무황제
제2회 만국평화회의에 특사를 파견하여 을사조약의 부당성을 폭로한 일로 강제 퇴위당했다.

해서교육총회 교육단은 배천의 각 학교를 방문하여 교육인사들과 함께 교육방침을 토의했다. 그리고 마을 주민들을 소학교에 모이게 하고 환등대회를 개최했다. 수천 명의 남녀노소가 모여 처음 보는 환등기에서 나오는 사진을 보며 신기해했다. 환등회를 이용한 선전활동은 일본이 한국의 민중을 선동하기 위해 먼저 사용하기 시작했는데, 해서교육총회에서도 환능기를 이용하여 교육신흥 선전활동을 적극직으로 진개했다.

환등회가 시작하면 제일 먼저 고종황제의 진영(사진)이 나왔다. 그러

황태자 이척(융희황제)

면 강제 폐위당한 고종황제에 대해 모두 기립하여 국궁鞠躬하는 예를 갖추도록 했다. 감시를 위해 출동한 일본 사령과 경관 무리에까지 경의를 표하도록 하였다. 비록 고종황제가 일제에 의해 강제 퇴위당했지만 한국민의 마음속에 황제로 당당히 위치하고 있음을 보여준 것이다.

김구는 환등회에서 '한인韓人이 배일排日하는 이유 하재何在(어디에 있는가)오'하는 연제로 일장 연설한 사실을 회고하였다.

"과거 청일전쟁과 러일전쟁 때만 해도 우리 한인들의 일본에 대한 감정은 극히 중후하였습니다. 그러나 그 후에 을사년 강압조약이 체결됨에 따라 점점 악감이 격증하였습니다. 내가 몇 해 전에 문화의 종산에서 일본병이 약탈을 감행하는 것을 목도하였습니다. 한인이 배일하는 원인은 일본의 나쁜 행동 때문입니다."

당시 환등회에 모였던 군수와 관리들은 이 연설을 듣고 안색이 황토빛과 같이 변하고 일본인들은 노기가 등등하였다. 그런 관민들을 향해서 김구는 '양반도 깨어라, 상놈도 깨어라'고 절규하며 각성을 촉구하였다.

그 당시 군수 중에는 고장에 대한 깊은 애정을 갖고 계몽운동에 참여하는 이들이 많았다. 이들 중 배천의 전봉훈 군수의 활약은 대단하였다.

그는 본시 재령의 이속吏屬으로 해주읍에 있는 지방경무소(경찰서) 총순總巡으로 다년간 시무한 자이다. 그는 자신이 서북학회 회원으로 가입하고 배천에 서북학회 지회를 설치하는데 앞장섰으며 청년교육운동에 전심전력을 다했다.

해서교육총회 교육단의 일원들은 여러 지역을 순회하며 교육운동을 전개해 갈 때 주요 요지마다 일본군이 거류하고 있음을 확인하고 분한 마음을 금하지 못하였다. 일본군은 의병을 토벌한다면서 각 군읍내의 관사들을 차지하고 들어앉았다.

일본 수비대 헌병대가 배천군의 관아에도 주둔한다며 관아를 내줄 것을 요구했을 때 유독 배천의 전봉훈 군수는 조목조목 이유를 따져 관아를 내줄 수 없다고 강력히 대응하여 결국 빼앗기지 않았다고 한다. 일제가 전봉훈 군수를 눈에 가시처럼 생각하여 종종 곤란한 교섭을 했지만 그는 그 때마다 당당하게 대처했다. 그러나 대부분의 지방관료들은 무장한 일본 군사들이 관청을 내줄 것을 요구하면 공포를 이기지 못하고 순순히 내주는 바람에 수비대, 헌병대 경찰서 우체국 등 주요 관서마다 일본군들이 들어차 있었다.

전봉훈은 슬하에 독자를 두었으나 일찍 죽고 어린 장손 무길을 양육하며 청년교육에 큰 열의를 보였다. 해주에서 총순으로 근무할 때 정내학교를 설립하며 야학을 권장하였으며 사환을 야학에 보내지 않는 각 시내의 점포 주인을 처벌하는 등 별별 수단을 사용하여 교육받도록 조치하여 교육진흥에 큰 업적이 많다. 그 후에 배천군수가 된 후에도 군내의 신교육운동을 열심히 장려하였다.

해서교육총회의 교육단이 연백군 배천읍에 머물면서 교육운동을 전개했을 때 군수 전봉훈의 사저에 머물렀다. 그는 각 면의 유지를 모이게 하여 교육시설 방침을 협의하고 실천방안을 의논하였다.

최광옥도 배천에 초빙되었을 때 전봉훈 군수 사저에 머무르면서 청년을 모집해 사범강습소를 개설하고 안악의 기적을 배천에서도 꽃피우고자 하였다. 당시 배천에는 신교육을 받는 청년들이 드물었다. 그는 밭에서 김매는 청년들 틈에 끼여 밭김도 같이 매며 가르치고 사랑방에서 혹은 모닥불을 피워놓고 가르치기도 하였다. 각혈까지 할 정도로 몸은 쇠약했으나 자신에게 주어진 시간이 얼마 남지 않았기에 쉬지 않고 가르쳤다. 일제가 한국의 강제병합을 준비하고 있던 7월 19일, 이날도 그는 아침 일찍 배천 마을의 산에 올라가 청년들과 대화를 나누고 연설하였다.

여러분! 국가의 운명은 이제 여러분의 손에 달렸습니다. 여러분이 주인이 되어야 합니다. 그러나 이 나라의 운명이 위태롭고 이족의 발걸음이 눈앞에 다가왔습니다. 어서 깨어 국권을 되찾고 일어서야 합니다.

연설이 시작된 지 얼마 되지 않아 최광옥은 가쁜 숨을 몰아쉬며 어렵게 말을 이어갔다. 젊은이들은 연약하지만 확신에 찬 그의 목소리에 귀를 기울였다. 간혹 심한 기침이 잇달았으나 그와 함께 대화할 때 으레 뒤따르는 소리로 들었을 뿐 그의 병환의 심각함을 그 누구도 깨닫지 못하였다. 그의 일부가 되어버린 기침 소리 뒤에 이어지는 가르침을 한시라도 놓치지 않으려 청년들은 조용히 숨을 죽였다. 그러나 그는 갑자기 터져나오는 기침을 멈추지 못하고 피를 토한 후 의식을 잃고 쓰러졌다.

청년들은 갑자기 벌어진 상황에 당황해 하며 그를 급히 연백군 은천면 연남리에 소재한 진사 유재륜의 집에 이송하고 응급조치를 하였다. 모두들 자리를 지키고 최광옥이 깨어나기를 기다렸으나 1910년 7월 19일 오후 5시 10분, 애통해 하는 동지들과 제자들의 통곡을 뒤로 하고 그는 끝내 숨을 거두고 말았다.

그는 죽음이 코앞에 다가온 순간에도 종교인으로서, 교육자로서, 청년운동가로서 최선의 삶을 살며 병석에서 앓을 새도 없이 교육현장에서 최후의 순간을 맞이했다. 그의 나이 33세였다.

최광옥의 시신은 전봉훈 군수의 사랑방으로 옮겨졌으며 그 곳에 빈소가 마련되었다. 그의 죽음은 가족이 안악으로 옮겨와 함께 생활한지 채 두 달이 되지 않은 때였다. 절대적인 요양과 휴식을 요하는 시기였으나 민족과 조국을 위한 불꽃같은 삶을 살았던 그는 이렇게 극적인 생애를 마감한 것이다. 청년들에게 나라의 위급함을 각성시킨 간절한 외침이 그의 마지막 유언이 된 셈이다. 빈소에 분향하며 청년들은 통곡했다.

전봉훈 군수는 마을 사람들과 의논하여 그의 장례를 읍장으로 치룰 것을 결정했다. 장지는 배천 마을 앞산인 남산으로, 그가 바로 마지막 강연 중에 피를 토하고 쓰러진 곳이었다. 7월 21일에 치러진 장례식장에는 온 마을 사람들이 그의 마지막 길을 보기 위해 모였다. 장례식을 주도하던 전봉훈 군수는 체면도 불사하고 오랫동안 소리 높여 울부짖었다. 가까스로 울음을 그치고 마을 사람들을 향해 외쳤다.

저희 배천의 주민들을 위해 선생께서는 목숨까지 바치셨습니다. 최선생님이 뿌리신 피는 헛되지 않을 것입니다. 여러분! 남은 우리들은 목숨을 바쳐 선생님의 유업을 받들어야 합니다.

최광옥의 사망 소식이 전해지자 경기·서북·해서 일대의 인사들과 인근의 남녀학교의 임원들과 학생 수천 명이 모여 그의 죽음을 애도하였다. 읍민들 모두가 상복을 입었고 상점은 철시하였다. 그의 유해는 7월 22일 상오 12시에 남산묘지에 안장되었다. 이틀 후인 24일에 열린 추도식 때도 수천 명의 인사들이 참여하여 최광옥을 추도했다.『황성신문』은 그의 사망소식을 다음과 같이 보도했다.

평양군에 거한 최광옥씨는 품행이 단결하고 사상이 고상하여 청년계의 모범이 되는 고로 일반 사회에 신용이 풍저하더니 신경쇠약병으로 다년 신음하는 중 배천군 하기 강습소에 부병이도扶病而徒하였다가 당지에서 애통히 사망한 고로 원근의 사우가 애도하며 애석함을 이기지 못하였다.

황해도·평안도 지역 인사들은 그의 성충誠忠을 영원히 기념하기 위하여 장지는 사리원 정거장 근변에 정하고 비석은 평양 정거장의 이토 히로부미의 기념비보다 낫게 세워 내왕하는 사람들에게 영원한 인상을 주기로 결의했다. 그리고 비석의 형태까지 정하여 안태국에게 평양에서 제조하도록 하였다. 그러나 최광옥이 별세한 지 40일 후에 한국은 일제에 강제 병합되었고 이어 안명근 사건이 일어나면서 그의 기념비는 세

용수를 쓰고 재판정에 끌려가는 신민회 회원들

워지지 못했다.

최광옥이 안악지방에 온 이후 활기를 띠고 전개된 교육운동은 이제 안악을 넘어서 황해도 일대의 구국운동과 교육·문화·산업진흥운동으로 확산되어 나감으로써 해서지방 전체의 신문화·구국운동의 요람지가 되었다.

최광옥, 그가 일군 '안악의 기적'은 한국을 식민지통치하고자 한 일제의 야욕에 큰 위협을 주었다. 안중근의거 이후 강제 병합을 서둘은 일제는 '테라우치 마사타케 조선총독 암살미수사건'을 조작하고, 대대적인 탄압을 가해 안악사건, 신민회사건, 105인사건을 일으켜 서북지역 인사 600여 명을 검거했다. 그러나 신민회 회원들은 국망전에 이미 국외로 망명하여 해외 독립운동기지 개척에 나섰으며 105인 사건으로 옥고를 치루고 나온 인사들도 망명대열에 합류하여, 독립운동의 중심이 국외로 이동하게 되었다. 신민회사건으로 피체된 애국지사들은 황해도에서 안명근을 위시하여 군 별로 나누면, 신천에서 이원식·박만준·신백서·이학구·유원봉·유문형·이승조·박제윤·배경진·최중호, 재령에서 정달하·민영룡·신효범, 안악에서 김홍량·김용제·양성진·김구·박도병·이상진·장명선·한필호·박형병·고봉수·한정교·최익형·고정화·도인권·이태주·장응선·원행섭·김용진, 장연에서 장의택·장원용·최상륜, 은율에서 김용원, 송화에서 오덕겸·장홍범·권태선·이종록·감익룡, 해주에서 이승준·이재림·김영택, 봉산에서 이승길·이효건, 배천에서 김병옥, 연안에서 편강렬 등이다. 그리고 평남에서 안태국·옥관빈, 평북에서 이승훈·유동열·김용규 형제, 경성에서 양기탁·김도희, 강원에서 주진수, 함경에서 이동휘 등이 체포되었다.

위대한 유산,
끝나지 않은 이야기

최광옥이 사망한 후에도 그의 가족은 안악을 떠나지 않고 동지들의 보살핌을 받았다. 105인사건으로 많은 안악의 인사들이 감옥에 투옥되어 있을 때 그의 가족들은 안악 비석리에 있는 초가집에서 김구의 가족과 함께 지냈다. 김구의 어머니 곽낙원 여사는 최광옥의 자녀들을 친자식처럼 돌보고 귀여워했다. 그리고 그의 자녀들에게 이렇게 말했다.

애들아. 너희 아버지는 천하에 드물었던 애국자였다. 기질이 그처럼 고상하고 총명하였으며 모든 사람을 사랑하기를 자기 몸처럼 했던 참 기독교인이셨다. 너희 아버지를 살리려고 여러 친구들이 그처럼 애썼는데도 결국 과로와 나라를 위하여 근심으로 33세의 창창한 젊은 나이에 세상을 떠났으니 얼마나 애석한 일이냐. 너희들도 부디 옳은 사람이 되어 너희 아버지의 뜻을 이어받는데 부족함이 없어야 한다.

「동아일보」 1935년 11월 28일자로 보도된 「고최광옥 선생 묘지 제막식」 기사

　　1935년 배천 남산의 묘지 땅이 공원으로 편입된다는 소식이 들려왔다. 친지들과 동지들은 의견을 모아 평양 보통강 건너편의 장대현교회 묘지인 서장대 묘지로 이장할 것을 결정하였다. 장대현교회는 최광옥의 생전에 장로로서 활동했으며 사범강습을 시작한 곳이기도 하다.

　　1935년 2월 10일에 대전 감옥에서 출감한 도산 안창호는 그의 둘째 딸이며 백낙준 박사의 부인인 최이권이 살고 있는 신촌 집을 방문하여 하룻밤을 지내며 최광옥과의 추억을 되새기며 부친에 대한 여러 얘기를 들려주었다.

　　한편 도지들의 협력으로 최광옥의 묘비는 화강암으로 제작되었다. 안창호가 출옥하자 동지들은 과거 이루지 못한 최광옥의 묘비를 새로이 건립할 것을 의논했다. 그가 사망한 지 25년이 흐른 뒤인 1935년 11월 어느 날 그의 유해는 배천 남산묘지에서 평양 장대현 교회의 서장대 묘지로 이장되었다. 당시 배천의 대표로 이장식에 참여한 유재륜은 유해의 이전을 아쉬워했다.

> 최 선생님을 영원히 우리 고을에서 모시려했는데 자손이 있어서 모셔가니, 우리는 정신적인 지주요, 상징을 잃은 감이다 …… 20년간을 밤에 벌초하거나 성묘하면 다음은 잡혀가되 극진히 모셨다 …… 유가족이 모시니 우리는 사당을 짓고 배천의 신교육의 원시조이신 선생님을 모시련다 ……

그리고 1935년 11월 25일 11시에 유해를 이장한 장대현교회 서장대 공원 묘지의 최광옥묘지 앞에서 묘비 제막식이 열렸다. 신민회·청년학우회의 동지인 안창호는 비문에 다음과 같이 새겼다.

> 사랑하는 동지 광옥군, 조금만 더 기다리오. 멀지 않아 강토를 되찾고 민족이 다시 놓이게 되오. 안심하고 기다리오.

근대 격동기에 살다간 그는 한국 민족운동사에 큰 획을 긋고 세상을 떠났다. 정녕 그는 거인의 자취를 남긴 시대의 선각자였다. 봉건수탈이 극심하던 한말에 태어난 그는 서구 문물과 기독교를 수용하며 독립협회와 점진학교, 태극학회 등에서 문명개화에 앞장선 근대화의 선각자였으며 일제 침략에 맞서서는 서우학회, 서북학회, YMCA, 신민회, 대성학

오리건 주립대학 재학 당시 최이순(1938)
유학중에도 그녀는 아버지처럼 늘 한복을 입고 다녔다(왼쪽), 최이순의 오리건 주립대학 졸업사진

교, 안악면학회와 해서교육총회, 청년학우회 등을 결성하고 지도하면서 다방면에서 계몽운동과 독립국가 건설을 위해 온전히 자신의 삶을 민족의 제단 앞에 바친 애국 지사였다.

그가 민족을 위해 활동했던 기간은 그리 길지 않은 10여 년이었다. 하지만 고결한 품성과 올곧은 용기와 마르지 않은 샘과 같은 지혜를 갖춘 인·의·지가 뛰어났던 최광옥. 그는 그야말로 옥의 아름다운 품성을 지니고 그 빛을 드러내어 다른 이들과 사회와 민족에게까지 전해준 인물이다. 그가 펼쳤던 계몽운동은 근대 국민의 사상과 문화, 경제, 그리고 정치의식을 크게 성장시켰으며 안악에서의 교육활동과 신민회에서의 청년운동은 국권회복과 독립운동의 정신적 기반이 되어 주었다. 또한 그의 이상촌 건설운동의 아이디어는 벽에 부딪힌 독립운동에 새로운 돌파구를 마련하여 독립운동기지 건설운동으로 발전했다. 그가 보여준 민족주의 계몽운동은 이후 한국독립운동의 정신적 요람이 되었다. 최광옥이 사망한 지 100년의 세월이 지나려 하고 있음에도 그의 삶과 정신은 결코 잊혀서 안되는 민족유산으로 다가온다.

맏아들과 세 딸. 그 중 셋째딸 최이순은 아버지가 세상을 떠난 지 넉 달 뒤에 태어났다. 아들 최광옥이 세상을 떠난 후 자식의 위대한 업적을 받아드린 부친 최윤조는 먼저 간 자식을 대신하여 손주들을 큰 애정으로 보듬고 깊은 신앙심으로 가족들의 삶의 방향을 이끌었다.

최광옥이 사망하고 40여일 만에 한국은 일본 제국주의의 강제 병합으로 멸망하였다. 그러나 그의 애국심과 독립정신은 그가 비록 세상을 떠난 후에도 함께 활동하고 그의 지도를 받았던 동지들과 제자들의 가슴에 각인되었으며 오랫동안 그의 숭고한 행적을 기리고 추억케 하였다.

가장의 죽음으로 가족들의 살림은 쪼들려 어렵게 살아야 했지만 그가 남긴 위대한 유산은 자식들의 삶을 통해 온전히 전승되었다. 최광옥의 아내 이광일은 36세에 남편을 잃고 홀로 되어 시부모를 모시고 1남 3녀의 자식들을 훌륭하게 키웠다. 이광일은 자식들에게 "너희들은 귀한 애들이다. 잘못하여 과부의 자식이란 말을 들으면 돌아가신 아버지께 죄가 된다"라고 하면서 언제나 엄준하고 간절하게 자녀들을 교육하였다.

어린 자녀들은 곤궁한 생활 속에서도 한결같이 아버지가 남겨준 정신적 유훈을 생각할 때마다 자부심을 느꼈다. 항상 자신 스스로에게 '니도 잘할 수 있어'라고 타이르며 강인한 정신력으로 단련하여 사회적으로 성공한 삶을 살았다.

윤봉길의사 의거 16주년(1948) 기념 모임에서 최이락(태극기 아래)
김구를 도와 한국독립당 활동을 하며 독립국가건설운동에 참여했다.

    그의 자녀들은 어린 시절부터 아버지에 대한 말씀을 듣고 성장하며 그 근면과 성실, 용기와 신실한 신앙심, 그리고 겸손함과 희생정신이라는 유산을 물려받았다. 유복녀로 태어난 막내딸 최이순은 부친의 얼굴조차 보지 못하고 성장했지만 이화여자대학교 가정대 교수, 연세대학교 가정대 학장, 대한적십자사 부총재를 역임하며 아버지처럼 '가르침'과 '연구'와 '봉사'의 삶을 살았다. "한 알의 밀알이 땅에 떨어져 죽지 아니하면 한 알 그대로 있고, 죽으면 많은 열매를 맺느니라(요한복음 12: 24)"라고 한 성경 말씀은 최광옥의 삶을 두고 이른 말이다.

    최광옥이 사망한 후에 일본 헌병들이 들이닥쳐 극성스럽게 집안을 수색했다고 한다. 부친 최윤조는 아들의 일기책과 저서들을 여름에는 불을 때지 않은 아궁이 속에, 겨울에는 김칫독 묻는 낟가리 속에 감추며

보존하려 애를 썼지만 더 이상 감출 수가 없게 되자 불에 태워버렸다고 하니 너무도 안타깝다. 만일 이들 자료가 남겨져 자손들에게 전수되었다면 한국 근대사의 새롭고 소중한 기억들을 역사적으로 재생할 수 있었으리라 본다.

최광옥의 자녀들은 백범 김구를 아버지처럼 생각하며 자랐으며 두 가정은 서로 의지하며 지냈다. 그러나 3·1운동 직후 김구가 상해로 망명하고 가족들도 김구를 따라 상해로 이주하면서 두 가족은 헤어져야 했다. 김구 가족은 대한민국임시정부의 행적을 따라 이동하면서 중경에 머물다가 일본이 항복하자 해방된 조국으로 들어올 수 있었다.

최광옥의 가족들은 황해도 신천에서 결혼한 맏딸인 최이설의 가족을 제외하고 1930년대 모두 서울로 이주했다. 둘째딸 최이권은 연희전문학교 교수인 백낙준 박사와 신촌에 거주하였고 막내딸 최이순은 이화전문학교에 입학하면서 황해도 안악을 떠났다. 맏아들 최이락은 해방 후 김구를 도와 한국독립당 당원으로서 활약하다가 6·25사변이 나던 해 1950년 9월 21일 민족상잔 비극에 희생되었다.

한국 호적제도는 1909년 3월 통감부에서 민적법을 제정하고 호적제도를 운영하기 시작한 이래 1915년 조선총독부가 민적법을 개정하였고 1923년 7월 「조선호적령」이 시행되었다. 광복 후 대한민국 정부가 호적법을 제정, 시행한 것은 1960년 1월에 와서다. 월남한 최광옥의 가족들은 1957년 가호적을 작성하여 신고하였다. 맏아들의 죽음으로 둘째 아들 최근경이 신고한 가호적에는 맏아들 최이락이 전호주가 되고 최이락의 맏아들인 최현경을 호주로 신고하였다. 호적에는 당시 생존해 있던 할머니 이광일을 호적에 올리면서 최광옥과 1894년 5월 1일에 혼인한 것으로 기재하고 최광옥의 사망일을 1927년 10월 9일이라 적었다. 최광옥은 1910년 33세로 사망하였는데 사망년도를 1927년이라 기재한 것은 혼인년도인 1894년에 33세를 더하는 실수를 했기 때문이다.

1947년 대한민국정부가 수립되고 나서 당국은 독립유공자로 등록할 것과 등록을 하게 되면 원호물자를 배급해 준다는 통지를 받았다. 이때 맏아들 최이락은 여동생 최이권과 매부인 백낙준 박사 등과 함께 가족회의를 열고 상의하면서 다른 유공자 가족들에 비해 자신들은 형편이 나으므로 어려운 형편에 살고 있는 이들에게 더 많은 혜택이 돌아갈 수 있도록 등록하지 않을 것을 결정하였다. 그 이유로 첫째는 독립유공자는 국가에서 알아 줄 것이요, 자청하는 것이 아니라는 것과 둘째로 아버지가 민족을 위하여 몸바쳐 일한 것이 어떠한 보수를 요하여 행한 행위가 아니었다는 것과, 자신들은 선조의 공적이나 세력을 빌리는 자손이 되지 않겠다는 생각 때문이었다고 한다.

대한민국정부는 최광옥을 1995년 건국훈장 애국장에 추서했다. 현재 1남 3녀의 자녀들은 모두 세상을 떠났다. 맏아들 최이락이 1950년 6·25전쟁의 와중에 사망하는 바람에 그의 3남 1녀의 자손들 중 어린 막내아들 최순경은 막내 고모인 최이순의 집에서 극진한 보살핌을 받아 교육자로서 성장했다.

현재 최광옥과 후손 가족간의 관계는 족보나 호적에서조차 기록이 부실하여 공식적으로 후손임을 입증받지 못한 채 오늘에 이르렀다.

최광옥의 삶과 자취

1877	8월 15일. 평남 중화군 대륙골에서 최윤조와 이순문의 외아들로 출생
1894	6월 23일. 일본군함, 풍도楓島앞바다에서 청국군함을 격침시킴, 청일전쟁 발발
	8월 17일. 청군, 평양에서 일본군에 대패
	맏아들을 호주로 한 호적에 어머니 이광일은 최광옥과 5월 1일에 혼인한 것으로 기재했으나 1898년경으로 추정된다.
1896	1월 25일. 일본, 조선에 일본헌병대 창설(1903.12. 한국주차헌병대로 개칭)
	2월 11일. 이범진·이완용 등 친러파, 고종 및 왕세자를 정동 러시아 공사관으로 파천
	4월 7일. 서재필, 한글·영문판 『독립신문』 창간
	7월 2일. 서재필·윤치호·안경수 등 30여 명, 독립협회 결성
	11월 21일. 독립협회, 영은문 자리에 독립문 정초식 거행(1897. 11. 20. 준공)
1897	4월 1일. 언더우드, 주간지 『그리스도신문』 창간
	9월 5일. 독립협회, 토론회 개최(주제: 여성교육의 급선무)
	10월 10일. 미국 장로회 선교사 베어드, 평양에 숭실학교 설립
	10월 11일. 국호를 대한제국으로 결정(10.12 원구단에서 황제즉위식 거행)
	10월 17일. 독립협회, 토론회 개최(주제: 한글사용의 장려)
1898	2월 9일. 독립협회, 종로 네거리에서 만민공동회 개최

	10월 12일. 독립협회의 청원에 따라 대한제국 내각 개편
	10월 25일. 독립협회, 정부의 정치활동 규제에 항의해 4개조의 상소문을 올림. 무명잡세無名雜稅의 금지 등 각종 내정內政의 쇄신에 관한 관민官民합작의 12개조 조칙을 내림.
	10월 29일. 독립협회, 만민공동회를 종로에서 개최, 윤치호를 회장에 선출하고 헌의6조獻議六條를 상주上奏.
	10월 30일. 황제, 만민공동회의 헌의6조를 윤허. 중추원장정中樞院章程의 제정, 언론 및 상공업 진흥 등에 관한 5개조의 조칙을 추가 반포
	11월 7일. 독립협회원 이상재·정교·이건호·남궁억·방한덕 등 17명 검거, 윤치호는 피신
	11월 21일. 황국협회, 보부상 수천명을 불러들여 만민공동회를 습격
	12월 25일. 독립협회 해산
1899	2월 4일. 『독립신문』 폐간
	안창호가 설립한 점진학교에 교사로 초빙되어 학교운영에 참여
1900	3월 6일. 맏아들 최이락 출생
	9월. 5년제로 정식 출범한 숭실중학교 입학함(이듬해 2학년으로 진급)
1902	3월 4일. 맏딸 최이설 출생
	5월 19일. 현채, 광문사廣文社 설립
1903	10월 28일. 황성기독교청년회YMCA창립
1904	1월 21일. 대한제국정부, 국외 중립을 선언
	2월 8일. 일본 육군, 인천·남양·군산·원산에 상륙개시(러일전쟁 발발)
	2월 23일. 한일의정서 조인
	5월 15일. 차리석·노경오와 함께 숭실중학교 제1회 졸업
	5월. 평양 기독교 주최 사범강습소에서 김구를 만남
	6월. 평양 사경회에 참석, 김구와 오순형 초청으로 장연에서 전교

	활동
	8월 18일. 송병준, 윤시병 등과 친일단체 유신회 조직(8월 20일 일진회로 개칭)
1905	일본 유학, 세이소쿠正則학교에서 영어와 수리 공부, 일본 도쿄고등사범학교에 입학

8월 18일. 송병준, 윤시병 등과 친일단체 유신회 조직(8월 20일 일진회로 개칭)

1905 일본 유학, 세이소쿠正則학교에서 영어와 수리 공부, 일본 도쿄고등사범학교에 입학

5월 30일. 둘째딸 최이권 탄생

9월 15일. 서북지방 출신 일본 유학생들이 중심이 되어 태극 학회 설립

10월 10일. 서우속성사범학교西友速成師範學校(현 광신상업고등학교) 설립

11월 3일. 일진회, 외교권의 대일위탁對日委託을 주장

11월 17일. 박제순 등, 일본공사 하야시 곤스케林權助와 제2차한일조약(을사조약) 늑결

11월 27일. 최재학·이시영·전석준 등 평양청년회원 5명, 을사오조약 늑약에 반대, 대안문 앞에서 복합伏閤상소하다 일병日兵에 체포(70여일 만에 석방)

11월 30일. 시종무관장侍從武官長민영환閔泳煥자결

12월 1일. 손병희, 동학을 천도교로 개칭

1906 1월 18일. 『그리스도신문』에 일본유학생의 종교활동을 소개하는 글을 실음

2월 1일. 한국통감부와 이사청理事廳설치, 임시통감 대리에 하세가와 요시미치長谷川好道임명

2월 9일. 주한 일본헌병, 행정·사법경찰권 장악

3월 2일. 초대통감 이토 히로부미伊藤博文부임

4월 11일. 황성기독교청년회(YMCA), 운동부 설치

6월 24일. 도쿄기독교청년회에서 개최한 한국유학생환영회를 주관

(황성신문 1906. 7. 2일자에 보도)

6월 26일. 순한글 월간지 『가정잡지』 발행 인가(얼마 뒤 재정난으로 휴간, 1908년 1월 5일 복간)

7월 16일. 중도에서 학업을 중단하고 전상은·박영노·김홍량 등과 동반 귀국

8월 24일. 태극학회 기관지 『태극학보』 창간

9월. 평안남도 관찰사 이시영을 찾아가 의무교육 실행을 건의

10월. 이갑·정운복 등 평안도출신 인사들과 서우학회 조직

가을 무렵 김홍량의 초빙으로 신병 요양차 연등사에 머뭄(은율 정곡사로 거처를 옮김).

12월 1일. 서우학회 기관지 『서우』 창간

최광옥, 김용제·김용진·김구 등과 함께 민지계발·산업증진·교육장려 목적으로 안악면학회 조직

1907　1월 4일. 서우학회와 한북흥학회가 통합해 서북학회 창립

2월. 평양군민회 설립에 참가, 교육부 임원에 임명되어 활동

2월. 도산 안창호, 미국 샌프란시스코에서 국내로 입국

3월 11일. 평양군민회와 서우학회가 합동으로 사범강습회 개회, 축사를 낭독

봄무렵 안악면학회 인사들과 함께 면학서포 설립

4월 15일. 안악면학회 주최 춘계대운동회에서 '사람'이라는 주제로 연설

4월. 항일비밀결사 신민회 조직

5월 5일. 현채, 『유년필독』 간행

6월 12일. 교사로 복무한 평양 사범강습소 졸업식 거행

7월 3일. 양산학교에서 제1회 하기사범강습소 개소

7월 20일. 광무황제 양위식

7월 24일. 한일신협약 늑결(정미7조약 및 비밀부대각서 조인)

8월 1일. 군대해산식, 훈련원에서 거행.

9월 21일. 소네 아라스케, 부통감에 임명

9월. 가을학기부터 서울 연동 경신학교 교사로 교수

10월 25일. YMCA회관에서 개최된 사경회에서 연설

11월 10일. 최광옥 역술서 『교육학敎育學』 출간

11월 11일. 일진회, 의병에 대항해 자위단自衛團조직, 각지에 파견해 의병 탄압

12월 24일. 이승훈, 정주에 오산학교 설립

1908   1월 5일. 가정잡지사 찬성원으로 참여

1월 10일. 서북학회 개회식 열림

1월 19일. 최광옥 저 『대한문전』 초판 간행

봄 안악면학회 제2회 연합운동회 개최

6월 1일. 『서북학회월보』 창간

6월. 황성기독교청년회YMCA초대 종교부 간사로 임명되어 활동

7월 22일. 일제 경시청, 『이태리삼걸전』·『을지문덕전』·『월남 망국사』 등 서적 압수

8월. 청년학우회 창립발기인으로 참여, 안악 기독안신여학교 건립 찬성회에 의연

8월 13일. 안악면학회 제2회 하기강습회 졸업식개최

8월 22일. 양산학교 내에서 해서교육총회 설립 논의

8월 23일. 이승훈, 태극서관 설립

8월 26일. 사립학교령 공포(1910년초까지 100여교 폐교).

9월. 안창호 대성학교 설립

	가을 무렵 의주 양실학교 중학부 교사로 부임
	10월 2일. 원동에 독립운동기지 개척사업을 위해 아세아실업주식회사 설립
	11월 1일. 최남선, 최초의 월간종합지 『소년』 창간.
	11월. 황해도의 애국인사들과 함께 해서교육총회를 조직(1면 1교 실현을 목표로 함)
1909	1월 31일. 융희황제, 서북지방 순행 중 평양 도착. 서북 각지에서 일장기日章旗 게양 거부
	3월 17일. 배천에서 대운동회 개최
	3월. 서북학회 의주지역 학사시찰위원에 임명되어 의주지역 시찰
	3월 18일. 유길준 저 『대한문전』 간행
	6월 14일. 한국통감부 부통감 소네 아라스케, 통감에 임명
	8월. 안악면학회 제3회 하기사범강습회 개최
	9월. 황해도 장연에서 해서교육총회 제2회 총회 개최
	10월. 최명식, 서간도지역 시찰 위해 출발(단동을 거쳐 서간도 도착)
	10월 26일. 안중근, 하얼빈에서 이토 히로부미 처단
	11월. 청년학우회 시찰위원으로 한성연회 조직을 준비
	12월 4일. 일진회, 일한 합방성명서 발표
	12월 22일. 안중근사건으로 구속되었던 안창호 석방. 이재명, 명동성당 앞에서 이완용을 칼로 찌름
	12월 23일. 일진회, 일본수상 가쓰라 다로桂太郎에게 '한일합방' 진정서 제출
1910	3월 1일. 북미 대한인국민회, 태동실업주식회사 설립(자본금 5만 달러)
	3월 12일. 청년학우회 시찰위원으로 한성연회 인허장 교부
	3월 26일. 안중근, 여순감옥에서 사형

4월. 청년학우회 시찰위원으로 평양에 파견되어 활동

4월. 국내를 탈출한 안창호, 청도를 거쳐 러시아 연해주로 이동 서간도 삼원보三源堡에 독립운동을 위한 자치기관으로 경학사耕學社, 부속기관 신흥강습소新興講習所 설치

5월 3일. 이재명의사 공판 개정

5월. 서간도에 파견된 최명식, 국내로 귀환하는 도중 평양에 들려 최광옥 가족을 대동하고 안악에 도착

5월 30일. 데라우치寺內正毅·야마가타山縣伊三郎각각 통감과 부통감에 임명됨.

6월. 청년학우회, 평양연회와 의주연회를 조직

7월 12일. 이재명, 항소심에서 사형 확정

7월 19일. 배천에서 마을 청년들에게 연설 도중 쓰러져 오후 5시 10분에 서거

7월 21일. 배천읍장으로 장례식 거행

7월 22일. 상호 12시, 배천읍 남산 공동묘지에 안장

7월 23일. 통감 데라우치 마사다케 부임

8월 22일. 총리대신 이완용, 통감 데라우치와 한국통치권을 일본왕에게 양도하는 병합조약 체결

8월 29일. 합병 조약문 공포. 한국국호를 폐지하고 조선으로 개칭 (경술국치)

10월 1일. 총독에 데라우치 정무총감에 야먀가타 임명, 이완용을 습격한 이재명 사형

10월 23일. 유복녀로 셋째딸 최이순 탄생

1911　1월. 경무총감부, 안명근의 체포를 계기로 안악의 민족주의자 총검거 시작(안악사건의 발단).

	1월 25일. 『소년』 정간
	8월 30일. 경성복심원에서 안악사건 공소심 판결 공판, 안명근 무기, 김구 등 7명 15년, 도인권 이하 5~10년 징역 선고
	9월. 경무총감부, 북한지방 순시중인 총독 데라우치를 암살하려 했다는 허위사실을 조작, 신민회원 등 서북지방 민족주의자 600여 명에 대한 총검거 시작
1912	6월 28일. 신민회사건 연루자 123명에 대한 공판, 개정
	9월 28일. 신민회사건 제1심에서 105명에 대한 유죄판결, 대성학교 등 폐교
1913	3월 20일. 경성복심법원에서 신민회사건에 대한 공소심 열림
1915	2월 13일. 신민회사건으로 복역중인 윤치호·양기탁 등 전원 가석방
1935	11월 25일. 11시, 평양 장대현교회 서장대 묘지에서 최광옥 묘비 제막식 거행

참고문헌

- 『그리스도신문』
- 『大韓每日申報』
- 『皇城新聞』
- 『東亞日報』
- 『新民』
- 김구, 『白凡逸志』, 國士院, 1947
- 이광수, 『島山 安昌浩』, 흥사단출판부, 1947
- 김민수, 「大韓文典攷」, 『서울大學校論文集』 5-人文·社會科學-, 1957
- 박현환 편, 『속편 도산안창호』, 도산기념사업회, 1954
- 주요한 편저, 『安昌浩全書』, 삼중당, 1963
- 국사편찬위원회, 『韓國獨立運動史 1』 1965
- 한국독립운동사편찬위원회편 『한국독립운동사자료』 7, 1968
- 이기문, 『開化期의 國文研究』, 一潮閣, 1970
- 최명식, 『安岳事件과 三一運動과 나』, 兢虛傳記編纂委員會, 1970
- 강재언, 「독립신문·독립협회·만민공동회」, 『조선사연구회논문집』 9, 1972
- 곽림대, 『못잊어 華麗江山』, 대성문화사, 1973
- 백낙준, 『韓國改新敎史』, 연세대출판부, 1973
- 독립운동사편찬위원회 편, 『獨立運動史 8』, 1976
- 안악군민회, 『安岳郡誌』, 안악군민회, 1976
- 신용하, 『獨立協會研究』, 일조각, 1976

- 최이권, 『崔光玉 略傳과 遺著問題』, 동아출판사, 1977
- 전태부, 『한국기독교청년운동사』, 정음사, 1978
- 김민수·하동호·고영근 편, 『歷代韓國文法大系 1-2』, 塔出版社, 1979
- 고영근, 「開化期의 國語研究團體와 國語普及活動」, 『韓國學報』 30, 一志社, 1983
- 신용하, 「新民會의 創建과 그 國權恢復運動」, 『韓國民族獨立運動史研究』, 1985
- 김도형, 「韓末啓蒙運動의 政治論 연구」 『韓國史研究』54, 1986
- 이만열, 『한국기독교와 민족운동』, 보성, 1986
- 이만열, 한국기독교문화운동사』, 대한기독교출판사, 1987
- 신용하, 「韓末愛國啓蒙思想과 運動」, 『韓國近代社會思想史研究』, 1987
- 유영렬, 「大韓自強會의 愛國啓蒙思想」, 『韓國近代民族主義運動史研究』, 1987
- 남강문화재단편, 『南岡李承勳과 民族運動』, 1988
- 조동걸, 「韓末啓蒙主義의 構造와 獨立運動上의 位置」, 『韓國學論叢』11, 국민대, 1989
- 한수익, 「해서교육총회」, 『한국기독교사연구』24, 1989
- 신용하, 「新民會와 青年學友會」, 『汕耘史學』제3집, 1989
- 이광린, 『開化派와 開化思想研究』, 일조각, 1989
- 유영렬, 「愛國啓蒙派의 民族運動論」, 『國史館論叢』15, 1990
- 최이순, 『살아온 조각보』, 수학사(증보판), 1990년
- 박찬승, 「韓末 自強運動論의 각 계열과 그 성격」, 『韓國史研究』68, 1990
- 유영렬, 「대한협회의 애국계몽사상」, 『이재룡박사환력기념 한국사학논총』, 1990

- 윤경로, 『105人事件과 新民會硏究』, 일지사, 1990
- 김도형, 「애국계몽운동연구의 현황과 과제」, 『한민족독립운동사연구』12, 국사편찬위원회, 1993
- 안성결, 『죽더라도 거짓이 없어라』, 도산기념사업회 한국문화사, 1996
- 이경남, 『抱宇 金鴻亮傳, 一代記와 安岳사람들』, 도서출판 알파, 2000
- 조현욱, 「안악지방에서의 애국계몽운동」, 『한국민족운동사연구』28, 한국민족운동사학회.
- 김형목, 「韓末 海西地方 夜學運動의 實態와 運營主體」, 『백산학보』61, 2001.
- 박규원, 『상하이 올드 데이즈』, 민음사, 2003
- 최기영, 「한말 최광옥의 교육활동과 국권회복운동」, 『한국근현대사연구』34, 2005

찾아보기

ㄱ

가정잡지 127, 128
갑오개혁 15
강장석 89
건양협회 19
경신학교 99, 138, 143
고정화 112
『공립신보』 134
공립협회 131, 134
공진회 53
광무학당 154
광무황제 58, 87
광문사 90
광인사 90
교육학 92, 93, 108
구세학당 32
국문강습회 99
국문동식회 97
국민교육회 53
국어문법 97
국어문전음학 104, 107
권덕규 99
그리스도신문 63, 64, 99
그리스도인회보 64
기독교청년학원 99
기독안신여학교 150

김구 44, 46, 47, 50, 56, 58, 75, 81, 153, 155, 186, 190
김규식 167
김달하 89
김동원 188, 189
김두봉 99
김두화 158
김병록 134
김봉성 39
김상식 128
김상은 65
김상현 34, 39
김성택 50
김순애 167
김시점 128, 185
김용제 78, 146
김용진 159
김윤화 86
김지간 62
김진초 62
김창건 71
김필례 166
김필순 23, 160~162, 166, 167
김형제상회 161
김호연 85
김홍량 65, 69, 74~77, 131, 144, 147, 153, 162, 163

김효영 66, 80
김희선 181

ㄴ

남궁억 144
남산현교회 13
널다리골교회 13
노백린 87, 154, 157
노승식 85
노형찬 134

ㄷ

『대동공보』 134
대성학교 144
대한매일신보 83, 104, 127, 141, 173, 183
대한문전 40, 92, 99, 101~108
대한인신민회 123
대한협회 131
독립신문 18, 21, 24, 96
독립협회 20, 21, 26~29
동우회사건 39
동학농민운동 13, 18

ㄹ

로버트 스피어 Robert E. Speer 15

ㅁ

만국평화회의 87
만민공동회 29

면학서포 92
모트 John R. Mott 139
모페트 12, 37, 44
목민심서 牧民心書 90
문일평 60
민노아 31

ㅂ

박기원 39
박도병 158
박문국 90
박문사 91
박봉보 85, 86
박숭전 86
박영노 65
박은식 89
박중화 176
방기창 23, 44
방신영 147
배재학당 32, 160
백난균도 85
백남훈 66, 69
백범일지 46, 66, 109
백영엽 141
105인사건 128, 164, 165, 184
백용식 128
백일진 128
법관양성소 32
베어드 17, 38, 40, 42
변인서 128
보성학교 99

북장로교파 12
브록크맨Fletcher S. Brockman 139

ㅅ

사범강습회 111
상동교회 56, 99, 127
상동청년학원 99, 127, 138
상동청년회회의 57
서기풍 134
서병호 23
서북학회 89, 131
서우학교 87
서우학회 82, 87, 89
세이소쿠학교 60
소년 173
소래마을 160
송병준 53, 183
송종호 154
송진호 146
숭실중학교 38, 40
숭실학당 17, 37
신민회 127~129, 131, 138, 154, 165, 169, 188
신민회사건 164, 184
신채호 127
신해영 98
신홍우 23

ㅇ

아관파천 26
아펜젤러 11, 12
안경수 19
안맥결 39
안신학교 77
안신호 46, 47, 50
안악면학회 81, 82, 95, 108, 111, 112, 115, 145, 147, 153, 155, 168
안악사건 80, 164
안중근 134, 181
안창호 23, 25, 30, 32, 35, 46, 47, 59, 63, 122, 126, 128, 131, 134, 141, 158, 161, 167, 170, 171, 175, 181, 184, 188
안창환 39
안태국 128, 131, 175, 186
양기탁 127, 131, 168, 186
양산학교 66, 77, 111, 155
양성진 146
양실학교 70
양실학원 71, 141~143
언더우드 11, 31, 160
언문 104
에비슨 138
엡윗청년회 56
영일동맹 55
오대영 134
오산학교 144
오순형 50, 76, 81
오인형 76
옥관빈 158, 175
YMCA 138, 140, 141
월남망국사 91
유길준 107
유동열 87, 127, 181

유여대 71
윤치호 24, 175
을미개혁 18
을사늑약 56, 57
의명학교 99
의신소학교 71
의주연회 178
이갑 87, 127, 131, 181
이강 134
이광수 172
이교담 135
이권찬 39
이규영 99
이근택 128
이기당 128, 129, 185
이기동 89
이달원 89
이동녕 127, 131
이동휘 181
이상익 91
이상재 23, 24, 102, 103
이상진 158
이석원 35
이승만 23
이승준 163
이승훈 23, 131, 144, 176, 186
이시복 158
이시영 72, 73
이신옥 130
이완용 19, 134
이용구 53, 183
이윤주 62

이재명 134
이종호 131, 181
이태건 163
이태준 167
이혜련 47
이화학당 32
일진회 53, 183
임순만 39
임치정 135

ㅈ

장대현교회 43, 44, 50, 81
장수철 86
장유관 71
장응진 60, 62, 154, 158
장의택 154
전덕기 56, 127, 131, 144
전봉훈 163, 190, 193
전영작 62
점진학교 32, 34, 38, 47, 59
정남주 39
정달하 163
정동구락부 19
정순만 56
정열모 99
정원본 128
정재명 85, 86
정창옥 128
제중원 160
조선그리스도인 회보 99
조선문전 108

조선요리제법 147
주시경 23, 24, 89, 91, 98, 107
주진수 131, 186
중추원관제 29
지상주 128, 185
지석영 98, 104
질레트Philip L. Gillett 65

ㅊ

차리석 40, 128
청년학우회 141, 175, 177, 180
청일전쟁 13
최남선 176
최명식 78, 112, 130, 158, 168, 185
최석하 62
최윤조 22
최윤진 128
최이권 23
최이락 23
최이설 23
최이순 23
최재원 77
최준례 50
최준익 39
최현배 99

ㅋ

쿤스 117

ㅌ

태극학회 61~63
태프트·가쓰라 각서 55

ㅍ

평양연회 178
포츠머스조약 55

ㅎ

한성사범학교 32
한성연회 177, 179
한일의정서 43
한필호 158
해서교육총회 153, 154
홍영환 86
황성기독교청년회 65
황성신문 65, 83
흠흠신서欽欽新書 90
흥사단 167, 176, 179

근대화의 선각자 최광옥

1판 1쇄 인쇄 2006년 2월 24일
1판 2쇄 발행 2020년 8월 15일

글쓴이   이명화
기 획   독립기념관 한국독립운동사연구소
펴낸이   주혜숙
펴낸곳   역사공간
         주소: 04000 서울특별시 마포구 동교로19길 52-7 PS빌딩 4층
         전화: 02-725-8806
         팩스: 02-725-8801
         E-mail: jhs8807@hanmail.net
         등록: 2003년 7월 22일 제6-510호

ISBN 978-89-90848-24-6 03900

• 잘못된 책은 바꿔 드립니다.

역사공간이 펴내는 '한국의 독립운동가들'

독립기념관은 독립운동사 대중화를 위해 향후 10년간 100명의 독립운동가를 선정하여,
그들의 삶과 자취를 조명하는 열전을 기획하고 있다.

001 근대화의 선각자 – 최광옥의 삶과 위대한 유산
002 대한제국군에서 한국광복군까지 – 황학수의 독립운동
003 대륙에 남긴 꿈 – 김원봉의 항일역정과 삶
004 중도의 길을 걸은 신민족주의자 – 안재홍의 생각과 삶
005 서간도 독립군의 개척자 – 이상룡의 독립정신
006 고종 황제의 마지막 특사 – 이준의 구국운동
007 민중과 함께 한 조선의 간디 – 조만식의 민족운동
008 봉오동·청산리 전투의 영웅 – 홍범도의 독립전쟁
009 유림 의병의 선도자 – 유인석
010 시베리아 한인민족운동의 대부 – 최재형
011 기독교 민족운동의 영원한 지도자 – 이승훈
012 자유를 위해 투쟁한 아나키스트 – 이회영
013 간도 민족독립운동의 지도자 – 김약연
014 대한민국 임시정부의 민족혁명가 – 윤기섭
015 서북을 호령한 여성독립운동가 – 조신성
016 독립운동 자금의 젖줄 – 안희제
017 3·1운동의 얼 – 유관순
018 대한민국임시정부의 안살림꾼 – 정정화
019 노구를 민족제단에 바친 의열투쟁가 – 강우규
020 미 대륙의 항일무장투쟁론자 – 박용만
021 영원한 대한민국임시정부의 요인 – 김철
022 혁신유림계의 독립운동을 주도한 선각자 – 김창숙
023 시대를 앞서간 민족혁명의 선각자 – 신규식
024 대한민국을 세운 독립운동가 – 이승만
025 한국광복군 총사령 – 지청천

026 독립협회를 창설한 개화·개혁의 선구자 – 서재필
027 만주 항일무장투쟁의 신화 – 김좌진
028 일왕을 겨눈 독립투사 – 이봉창
029 만주지역 통합운동의 주역 – 김동삼
030 소년운동을 민족운동으로 승화시킨 – 방정환
031 의열투쟁의 선구자 – 전명운
032 대종교와 대한민국임시정부 – 조완구
033 재미한인 독립운동의 표상 – 김호
034 천도교에서 민족지도자의 길을 간 – 손병희
035 계몽운동에서 무장투쟁까지의 선도자 – 양기탁
036 무궁화 사랑으로 삼천리를 수놓은 – 남궁억
037 대한 선비의 표상 – 최익현
038 희고 흰 저 천 길 물 속에 – 김도현
039 불멸의 민족혼 되살려 낸 역사가 – 박은식
040 독립과 민족해방의 철학사상가 – 김중건
041 실천적인 민족주의 역사가 – 장도빈
042 잊혀진 미주 한인사회의 대들보 – 이대위
043 독립군을 기르고 광복군을 조직한 군사전문가 – 조성환
044 우리말·우리역사 보급의 거목 – 이윤재
045 의열단·민족혁명당·조선의용대의 영혼 – 윤세주
046 한국의 독립운동을 도운 영국 언론인 – 배설
047 자유의 불꽃을 목숨으로 피운 – 윤봉길
048 한국 항일여성운동계의 대모 – 김마리아
049 극일에서 분단을 넘은 박애주의자 – 박열
050 영원한 자유인을 추구한 민족해방운동가 – 신채호

051 독립전쟁론의 선구자 광복회 총사령 - 박상진
052 민족의 독립과 통합에 바친 삶 - 김규식
053 '조선심'을 주창한 민족사학자 - 문일평
054 겨레의 시민사회운동가 - 이상재
055 한글에 빛을 밝힌 어문민족주의자 - 주시경
056 대한제국의 마지막 숨결 - 민영환
057 좌우의 벽을 뛰어넘은 독립운동가 - 신익희
058 임시정부와 흥사단을 이끈 독립운동계의 재상 - 차리석
059 대한민국임시정부의 초대 국무총리 - 이동휘
060 청렴결백한 대한민국 임시정부의 지킴이 - 이시영
061 자유독립을 위한 밀알 - 신석구
062 전인적인 독립운동가 - 한용운
063 만주 지역 민족통합을 이끈 지도자 - 정이형
064 민족과 국가를 위해 살다 간 지도자 - 김구
065 대한민국임시정부의 이론가 - 조소앙
066 타이완 항일 의열투쟁의 선봉 - 조명하
067 대륙에 용맹을 떨친 명장 - 김홍일
068 의열투쟁에 헌신한 독립운동가 - 나창헌
069 한국인보다 한국을 더 사랑한 미국인 - 헐버트
070 3·1운동과 임시정부 수립의 숨은 주역 - 현순
071 대한독립을 위해 하늘을 날았던 한국 최초의 여류비행사 - 권기옥
072 대한민국임시정부의 정신적 지주 - 이동녕
073 독립의군부의 지도자 - 임병찬
074 만주 무장투쟁의 맹장 - 김승학
075 독립전쟁에 일생을 바친 군인 - 김학규

076 시대를 뛰어넘은 평민 의병장 - 신돌석
077 남만주 최후의 독립군 사령관 - 양세봉
078 신대한 건설의 비전, 무실역행의 독립운동가 - 송종익
079 한국 독립운동의 혁명 영수 - 안창호
080 광야에 선 민족시인 - 이육사
081 살신성인의 길을 간 의열투쟁가 - 김지섭
082 새로운 하나된 한국을 꿈꾼 - 유일한
083 투탄과 자결, 의열투쟁의 화신 - 나석주
084 의열투쟁의 이론을 정립하고 실천한 - 류자명
085 신학문과 독립운동의 선구자 - 이상설
086 민중에게 다가간 독립운동가 - 이종일
087 의병전쟁의 선봉장 - 이강년
088 독립과 통일 의지로 일관한 신뢰의 지도자 - 여운형
089 항일변호사의 선봉 - 김병로
090 세대·이념·종교를 아우른 민중의 지도자 - 권동진
091 경술국치에 항거한 순국지사 - 황현
092 통일국가 수립을 위해 분투한 독립운동가 - 김순애
093 불법으로 나라를 구하고자 한 불교인 - 김법린
094 독립공군 육성에 헌신한 대한민국임시정부 군무 총장 - 노백린
095 불교계 독립운동의 지도자 - 백용성
096 재미한인 독립운동을 이끈 항일 언론인 - 백일규
097 재중국 한국인 아나키스트운동의 실천적 지도자 - 류기석
098 대한민국임시정부의 후원자 - 장제스
099 우리 말글을 목숨처럼 지킨 - 최현배